A Industrialização do Algodão em São Paulo

Coleção Debates
Dirigida por J. Guinsburg

Equipe de realização — Revisão: Maria Regina de M. Ciparrone Mello e Plinio Martins Filho; Produção — Plinio Martins Filho

**maria regina
ciparrone mello**

A INDUSTRIALIZAÇÃO
DO ALGODÃO
EM SÃO PAULO

EDITORA PERSPECTIVA

Copyright by Editora Perspectiva

EDITORA PERSPECTIVA S.A.
Av. Brigadeiro Luís Antônio, 3025
01401 - São Paulo - Brasil
Telefone: 288-8388
1983

SUMÁRIO

APRESENTAÇÃO — *Antonia Fernanda P. A. Wright* 7

INTRODUÇÃO 9

1. A CONJUNTURA TÊXTIL NO SETOR ALGODOEIRO NOS SÉCULOS XVIII e XIX 13
   1. *Internacional* 13
   2. *Metropolitano* 19
   3. *Colonial* 26

2. A INDUSTRIALIZAÇÃO DO ALGODÃO NA CIDADE DE SÃO PAULO 35
   1. *Processo Histórico Empresial* 35
   2. *A Agricultura Comercial do Algodão* 52
   3. *As Figuras Empresariais* 59

3. MODERNIZAÇÃO TÊXTIL E MÃO-DE-OBRA 77
   1. *A Ação do Estado* 77
   2. *Aperfeiçoamentos nos Processos de Fiar e Te-*

  cer. O Acabamento dos Tecidos 81
 3. O Trabalho nas Fábricas de Tecidos 92

4. A COMERCIALIZAÇÃO DOS TECIDOS DE ALGODÃO 105
 1. Os Têxteis e a Concorrência Estrangeira 105
 2. São Paulo e o Comércio de Tecidos 110
 3. A Importação e a Exportação de Tecidos Através do Porto de Santos. Mercado, Volume e Preços 115

CONCLUSÃO 145

FONTES E BIBLIOGRAFIA 151

ABREVIATURAS

AE — Departamento do Arquivo do Estado de São Paulo
AHI — Arquivo Histórico do Itamarati
AHM — Arquivo Histórico do Município de São Paulo
BNRJ — Biblioteca Nacional do Rio de Janeiro
DI — Documentos Interessantes para a História e Costumes de São Paulo
IHGSP — Instituto Histórico e Geográfico de São Paulo
RAPM — Revista do Arquivo Público Mineiro

APRESENTAÇÃO

O tema "A Industrialização do Algodão na Cidade de São Paulo" no início do século XIX é, em si polêmico. Esse período, em suas múltiplas manifestações econômicas, tem sido até agora, objeto de poucos estudos específicos baseados em documentação original, manuscrita e impressa, porém até o presente não utilizada em sua plenitude.

A obra clássica de Nícia Vilela Luz, estudando com profundidade a luta pela industrialização no Brasil, desde os seus primórdios, destaca os fatores adversos para o desenvolvimento industrial em nosso país. Eis por que este estudo feito pela Prof.ª M. Regina M. C. Mello, originalmente uma tese universitária, à base de levantamentos documentais e estatísticos nos dá idéia de como se processou a produção e industrialização do algodão em São Paulo entre os anos de 1813 e 1830, trazendo-nos algumas surpresas como a vinda de mestres tecelões para ensinar aos trabalhadores paulistas os processos mais modernos de fiar e tecer, revelando ainda a presença de mulheres e crianças nessa força de trabalho. Altera-se assim a idéia consagrada de que na incipiente indústria brasileira não se tenham feito esforços mais diferenciados e portanto significativos para conseguir um produto acabado de melhor qualidade. Este estudo demonstra ainda que a concorrência do comércio estrangeiro em expansão, aliada a outros fatores, abafou os esforços prematuros de modernização da produção de algodão paulista mais do que a falta de incentivos governamentais.

Antonia Fernanda P. A. Wright

INTRODUÇÃO

Pretendemos abordar neste trabalho alguns aspectos do funcionamento das indústrias têxteis surgidas na cidade de São Paulo no decurso de 1813 a 1830, bem como a situação da agricultura de algodão na Capitania e ulteriormente Província de São Paulo. Tais marcos cronológicos foram selecionados em função da gênese e efetiva atividade do setor têxtil. O ponto de partida de nossa investigação, fixado no ano de 1813, é duplamente significante, pois coincide com o início dos trabalhos de um mestre-tecelão em São Paulo, encarregado pelo Príncipe-Regente D. João de promover o avanço técnico das manufaturas aí existentes, e com a instalação, em moldes racionais, de uma tecelagem na cidade de São Paulo que recebeu o apoio da administração régia e a atenção particular do governo provincial. E encerramos em 1830, ocasião em que ocorreu a paralisação daquele empreendimento.

A matéria encontra-se ainda por estudar, para que possam ser esclarecidas certas coordenadas que marcaram a primeira fase do incipiente industrialismo paulista, tornado com o decorrer do tempo cada vez mais complexo. A historiografia contemporânea nacional e estrangeira, tendo tratado, em profundidade e extensão, do processo industrial brasileiro e de suas implicações com a conjuntura econômica, nem sempre registrou o tema que nos propusemos a investigar. Alice P. Canabrava, Sérgio Buarque de Holanda, Nícia Vilela Luz, Américo Jacobina Lacombe, Heitor Ferreira Lima, Francisco Nardy Filho, no caso brasileiro, entre outros, e J. Stanley, historiador e professor da Universidade de Princeton, no rol dos estrangeiros, propiciaram assim condições de nos aplicarmos a este estudo, ainda pioneiro, o que sem dúvida implicará a transposição de muitos obstáculos.

O assunto exigiu uma paciente e demorada busca documental, tendo em conta a dispersão e a relativa raridade das fontes. Afigura-se-nos estranho, todavia, que o funcionamento desses estabelecimentos não tivesse sido documentado de modo adequado, uma vez que o Estado demonstrava interesse notório em incrementar este ramo de atividade. As fontes oficiais são escassas, pouco freqüentes os relatórios e pobres as descrições feitas pelos viajantes estrangeiros que percorreram seguidamente a Capitania e depois Província de São Paulo na abertura do século XIX. Servimo-nos, pois, de toda a documentação que conseguimos reunir, aproveitando-a integralmente. Limitações dessa natureza dificultaram a montagem e a elaboração deste trabalho, porém não prejudicaram a compreensão e o esclarecimento das questões propostas.

A problemática, mola mestra na execução de pesquisa histórica e guia indispensável para a descoberta da intrincada rede sócio-econômica urdida no passado, manifestou-se em processamento congênere ocorrido no exterior, sobretudo na Inglaterra, na França e nos Estados Unidos, países que se colocaram na vanguarda da arrancada industrial. A partir de algumas das diretrizes sugeridas pelos estudiosos da Revolução Industrial, enunciamos um conjunto de problemas, cujas respostas procuramos examinar. Pretendemos indagar a respeito das condições de implantação, evolução e decadência da indústria têxtil instalada na cidade de São Paulo no início do século XIX. Procuramos assim identificar as figuras empresariais e sua participação na dinâmica daquela atividade; averiguar as transformações no âmbito dos inventos e inovações técnicas, bem como os problemas da mão-de-obra; apurar as condições do mercado interno e externo, as repercussões econômicas dos acordos comerciais, de natureza bilateral, firmados com a Inglaterra em 1810, a exportação do algodão e dos tecidos paulistas para diversas áreas do litoral brasileiro e para Buenos Aires. E ainda efetuar a quantificação dos volumes de tecidos importados e exportados, a verificação dos preços alcançados pelo algodão bruto e manufaturado no mercado paulista.

A pesquisa assentou-se, notadamente, no acervo manuscrito guardado no Departamento do Arquivo do Estado de São Paulo, disperso por diferentes caixas e livros, composto de requerimentos, ofícios diversos, determinações régias, relatórios trocados entre as autoridades e os proprietários ou administradores dos estabelecimentos fabris. Documentou-se ainda, nos núcleos do Arquivo Histórico do Itamarati, da Biblioteca Nacional do Rio de Janeiro, do Arquivo Histórico da Prefeitura do Município de São Paulo, Arquivo "Aguirra" do Museu Paulista e Arquivo do Instituto Histórico e Geográfico de São Paulo.

É impossível agradecer a tantos que nos ajudaram: professores que com suas palavras muito nos incentivaram, funcionários de arquivos e bibliotecas onde trabalhamos, colegas do curso de Pós-Graduação da Universidade de São Paulo pelo fértil contato intelectual que nos proporcionaram. Desejo expressar meu reconhecimento, de maneira mais específica, ao Professor Dr. Manuel Nunes Dias, orientador deste trabalho, que, com sua cultura e arguto espírito crítico, conseguiu isentá-lo de muitos defeitos. À Professora Dra. Antonia Fernanda P. de Almeida Wright agradeço algumas sugestões valiosas e a ajuda prestada em momentos difíceis.

1. CONJUNTURA TÊXTIL NO SETOR ALGODOEIRO NOS SÉCULOS XVIII E XIX

1. *Internacional*

A produção de tecidos destinados aos mais variados fins não constituiu atividade característica do século XVIII, embora seja quase impossível precisar com exatidão o momento do seu início, tanto na Inglaterra como no continente europeu.

Sabemos que os tecidos, em especial os de algodão, conquistaram rapidamente os mercados consumidores numa notável ascensão a partir da década de 1750. Desde os fins do século XV, como o assinalou Adam Smith, os tecidos de algodão fabricados nas Índias Orientais alcançaram na Europa, grande valor, mas não existia até então, naquele continente, manufatura para a fibra.

Schulze e Garvenitz evocaram o ano de 1585 para situar o início da indústria inglesa do algodão, coincidente com a tomada de Antuérpia, quando um certo número de artesãos emigrou para a Inglaterra. Paul Mantoux, entretanto, afirmou que o primeiro texto que fez referências não equívocas a este industrialismo datava de 1610[1].

Já no século XVIII, os principais centros produtores de tecidos de algodão na Grã-Bretanha encontravam-se, embora incipientes, localizados na região noroeste, em Manchester e no Midlands Oriental que tinha como foco importante Nottingham.

A indústria têxtil conheceu sucessivamente a idade do linho, seguida pela da lã, e no século XVIII, o algodão substituiu esta última. Com efeito, os empresários de tecidos de algodão tiveram que vencer a resistência dos produtores de lã que levaram, em 1700, o governo a proibir a venda de tecidos de algodão na Inglaterra. Tal resistência apenas estimulou o desejo de usar algodão e, em 1736, a lei foi reformada no estatuto conhecido como Ato de Manchester que permitia à aludida cidade estabelecer-se como centro manufaturador de algodão na Grã-Bretanha.

Vincula-se, sem dúvida, ao espaço britânico uma intensa corrente de transformações técnicas que, no decorrer do século XVIII, se aplicou à indústria têxtil. A contar, pois, da década de 1730 em diante, inovações atingiram o setor têxtil num processo cada vez mais intenso[2].

1. PAUL MANTOUX, *La Revolution Industrielle au XVIIIe Siècle*, Paris, Edition Genin, 1959. SCHULZE e GARVENITZ, *La Grande Industrie*, p. 27 *apud* MANTOUX, Paul *Op. cit.*, p. 194.
2. Cf. PHYLLIS DEANE, *A Revolução Industrial*, trad. Meton P. Gadelha, Rio de Janeiro, Zahar Editores, 1969, pp. 107 e 108; TH. S. ASHTON, *A Revolução Industrial*, trad. Jorge de Macedo, Lisboa, Ed. Europa-América (coleção Saber), pp. 94-97; ROBERT SCHNERB, *História Geral das Civilizações*. O século XIX, trad. J. Guinsburg, 2.ª ed., S. Paulo, DIFEL, 1969, pp. 94-99. A invenção da lançadeira volante de Kay, patenteada em 1733 e adotada amplamente pelos tecelões, permitiu tecer de maneira mais rápida, peças maiores; máquina de cardar de Lewis Paul difundida no Lancashire a partir de 1760; fiandeira hidráulica de Arkwright que possibilitou a fabricação de um fio forte, embora áspero e encordoado; a *jenny* inventada em 1769 e patenteada em 1770 por Hargreaves foi adotada com entusiasmo em Nottingham e Lancashire e ativou a produção de fio chegando a fabricar 16 fios ao mesmo tempo em 1784-80 e no final do século as máquinas de fiar eram capazes de conter 100 a 120 fusos; a *mule*,

Este ramo industrial sobressaiu de maneira especial em épocas anteriores, porém apenas a partir do início do século XVIII tomou impulso dinamizador estimulado por novas condições de demanda de mercado e pelo surgimento de invenções cada vez mais modernizadoras dos processos industriais.

Os melhoramentos técnicos verificados na indústria têxtil surgiram da necessidade de aumento da produção em decorrência da maior solicitação do mercado consumidor e com o interesse crescente pela ciência, o que tornou possível a concretização do invento.

O progresso tecnológico beneficiou particularmente o setor algodoeiro em virtude da natureza da matéria-prima, dos regulamentos controladores da indústria de lã e da procura maior, na Inglaterra e no exterior, de musselinas e chitas.

Os processos de cardar, fiar e tecer sofreram alterações e também o acabamento dos tecidos de algodão com a adoção de técnicas mais modernas de estampagem de chitas. Os métodos tradicionais de branqueamento foram substituídos por outros mais racionais resultantes da aplicação dos conhecimentos obtidos pela química industrial.

O algodão em rama, base da indústria têxtil inglesa, provinha de suas colônias da América do Norte, como também de regiões do Brasil como Maranhão e Pernambuco, e que era reexportado para a Inglaterra através de portos portugueses. Com a Guerra de Independência em que se empenhou o recém-criado estado moderno da América do Norte, para livrar-se definitivamente do domínio britânico, nos anos que se estendem de 1776 a 1781 e 1812 a 1814, o comércio do algodão bruto foi sobremaneira prejudicado.

Os negociantes e fabricantes de tecidos de algodão tentaram superar a crise de abastecimento enviando ao Parlamento representação onde solicitavam permissão para a importação do algodão americano em navios neu-

---

fuso inventado por Crompton em 1774, patenteado em 1779 produzia fio fino e resistente utilizado na trama e urdidura e adaptado à fabricação de toda espécie de têxteis notadamente de tecidos finos importados, até então, do Oriente; o tear mecânico patenteado em 1785 por Cartwright não foi aceito de imediato pelos tecelões, o que ocorreu somente depois de 1815.

tros. Os algodões oriundos da Geórgia eram adquiridos pelos ingleses em Hamburgo[3].

Dados apurados relativos às quantidades de algodão bruto exportado de São Luís do Maranhão para o porto de Lisboa (1760-1778) comprovam o fomento da transação mercantilista desse gênero colonial. Durante os anos de 1760 a 1778 foram exportadas para Lisboa 362 572 arrobas de algodão. Condições adequadas para a cotonicultura no extremo-norte do Brasil, bem assim a conjuntura internacional favorável oriunda da Revolução Industrial e da Guerra da Independência americana criaram enorme possibilidade de expansão para aquele artigo. O algodão maranhense a partir de 1760 acionou a indústria de tecidos em Portugal. Como as carregações ultramarinas excediam o consumo no Reino, o algodão era exportado para Roterdã, Hamburgo, Amsterdã, Gênova, Ruão, Marselha e Londres, onde o produto tinha grande aceitação, dado o crescente industrialismo no setor de fiação e tecelagem[4].

Em "Memória sobre o Algodão", Edward Bryand[5], assinalou a existência, já em 1787, de um elevado número de engenhos para a tecelagem do algodão na Inglaterra, bem como de expressiva quantidade de pessoas ocupadas naquele gênero de vida. A saber, existiam 143 engenhos de água com 15 000 libras, 20 500 engenhos de mão ou *jenny* com 1 665 000 libras e o total de 600 000 pessoas ocupadas nas manufaturas de algodão.

A indústria algodoeira transformou-se, em pouco tempo, numa das mais significativas para a economia britânica. Em 1812 superou a indústria de lã em importância nacional. Em 1815 as exportações dos produtos manufaturados de algodão eram responsáveis por 40% do valor dos bens produzidos na Inglaterra, enquanto os ar-

3. *O Investigador Português em Inglaterra*, Londres, 1813, v. 6, p. 659. Atos do Parlamento; 1814, v. 11, p. 272.

4. MANUEL NUNES DIAS, Fomento Ultramarino e Mercantilismo: A Companhia Geral do Grão-Pará e Maranhão (1755-1778 (VI), *Revista de História*, S. Paulo, 36 (73):91,93,108,111, jan./mar. 1968.

5. "Memória sobre o Algodão" *In:* VELLOSO, Fr. José Mariano da Conceição, *O Fazendeiro do Brasil Cultivador...*, Lisboa, I. Régia, 1806, t. 5, Parte I, p. 15.

tigos de lã representavam 18%. Os preços, especialmente os do fio de algodão, caíram, reforçados pelos custos decrescentes de matéria-prima e as facilidades de industrialização influíram na melhoria da qualidade do produto e no aumento do total de vendas[6].

A crise de abastecimento de matéria-prima decorrente da guerra anglo-americana de 1812-1814 e ainda mais o bloqueio dos mercados europeus em virtude das guerras napoleônicas prejudicaram o funcionamento das fábricas de tecidos inglesas. Os centros coloniais da Inglaterra e de igual modo os da América portuguesa e espanhola tornaram-se áreas de grande importância econômica. Os mercados americanos, conquistados freqüentemente através do sistema de troca de favores e mantidos por acordos preferenciais, constituíram-se, por longo tempo, em territórios dominados pela economia inglesa, mesmo após o término das guerras européias e a independência política das colônias americanas.

O jornal *O Investigador Português* referia-se, em 1814, às dificuldades para a venda de tecidos de algodão ingleses no continente europeu, particularmente na feira de Leipzig, outrora ativo centro comercial daquela mercadoria. Atribuía tal retração ao avanço alcançado pela indústria continental, em especial a Suíça, e ao lento ritmo de progresso da indústria inglesa não mencionando as importantes implicações das guerras napoleônicas sobre a economia inglesa.

O Brasil representava assim para os ingleses um mercado de duplo interesse: como fornecedor de suprimentos para acionar as indústrias britânicas e importante centro consumidor de produtos manufaturados. A liberdade industrial e comercial obtidas pelo Brasil em 1808 eram prejudiciais à Inglaterra e não surpreendia que esta procurasse dificultar qualquer tentativa de industrialização. Entretanto as garantias e vantagens conquistadas pelos britânicos através dos acordos bilaterais prioritários firmados com Portugal em 1810 vieram anular em parte as medidas liberais de D. João VI.

Diversos países empenharam-se em acompanhar, com sucesso variável, a arrancada industrial da Inglaterra. A

6. PHYLLIS DEANE, *op. cit.*, p. 110 e segs.

França, apesar das restrições inglesas, obteve as modernas técnicas de produção de tecidos, através da utilização dos recursos mais variados para burlar aquelas proibições. Nos Estados Unidos fundaram-se fábricas de produtos têxteis em 1787 no Massachusetts, em 1788 no Connecticut, em 1807 em New Jersey, afetadas negativamente pela concorrência inglesa[7] e pela manufatura doméstica. Em 1800 a produção de roupas de algodão tornou-se bastante desenvolvida na China, na província de Kiangsu. As mercadorias levadas para Cantão eram adquiridas pela Companhia das Índias Orientais[8]. Portugal não ficou à margem do industrialismo que atingiu quase toda a Europa, e até mesmo certas regiões da Ásia, e ensaiou também os primeiros passos no setor têxtil do algodão.

2. *Metropolitana*

No crepúsculo do século XVII, iniciou-se em Portugal uma política industrial teorizada por Duarte Ribeiro de Macedo e posta em execução pelo Vedor da Fazenda, Conde da Ericeira. Tinha por finalidade enfrentar a concorrência estrangeira de maneira a evitar a fuga do ouro para fora do Reino. Procurando afastar esse perigo, favoreceu a produção de artigos para concorrer com os importados; proibiu a exportação de matéria-prima; isentou de direitos as artes mecânicas; estimulou a imigração de artífices estrangeiros; e organizou ainda a produção existente orientando para que as unidades produtoras dispusessem de aparelho comercial para escoamento de sua produção[9].

7. *Idem* p. 87 e seg.; THOMAS C. COCHRAM, *The Age of Enterprise. A Social History of Industrial America*, New York, The Macmillan Company, 1942, p. 8. Os agentes britânicos e os ricos importadores americanos podiam oferecer créditos mais longos do que os pioneiros da industrialização da América do Norte que tinham necessidade de pagamento imediato. Lutavam ainda com os mercadores capitalistas que alugavam os serviços dos artesãos para fabricar tecidos grosseiros. Dessa forma, as produções da incipiente indústria competiam com as manufaturas domésticas.
8. RAMON H. MYERS, Cotton Textile Handicraft and the Development of the Cotton Textile Industry in Modern China, *The Economic History Review*, second series, 18 (3): 614-632, dez. 1965.
9. Cf. MANUEL NUNES DIAS, Fomento Ultramarino e Mercantilismo: A Companhia Geral do Grão-Pará e Maranhão

Manufaturas novas foram criadas e procedeu-se à reestruturação administrativa de algumas atividades industriais, tais como a fabricação de panos, linhos, minas de estanho, ferrarias. Entretanto a descoberta do ouro no Brasil e a saída dos vinhos portugueses para a Inglaterra interromperam por algum tempo este surto manufatureiro sobretudo no setor têxtil[10].

No início do século XVIII uma segunda fase de fomento industrial teve lugar. Encontrava-se mais ligada à iniciativa particular do que o surto do século XVII contando sobremaneira com a participação da burguesia que se tornou uma ativa colaboradora dos projetos governamentais. A produção de sedas continuou a merecer a atenção do Estado. Entre 1730 e 1735 foi instalada no subúrbio do Rato em Lisboa, a Real Fábrica de Sedas sob proposta de Roberto Godin. No final do reinado de D. João V, um processo de crise geral atingiu Portugal[11].

O Marquês de Pombal, que dirigiu os destinos de Portugal no reinado de D. José I, intensificou a política industrialista numa tentativa de solucionar os problemas econômicos que, então, afligiam o poder público. Utilizou-se dos métodos protecionistas tradicionais introduzindo, porém, características novas como o aproveitamento da imigração estrangeira, abandono das grandes unidades industriais e em alguns casos do sistema corporativo[12]. O Marquês de Pombal demonstrava grande interesse em ativar a iniciativa particular, menos onerosa e arriscada, ao conceder privilégios exclusivos aos empreendimentos surgidos sem a concorrência do Estado[13].

(1755-1778). *Revista de História*, S. Paulo, 32 (66): 423, 1966; JORGE BORGES DE MACEDO, "A Indústria na Época Moderna". *In* JOEL SERRÃO, *Dicionário de História de Portugal*, Porto, Livraria Figueirinhas, 1971, v. 2, p. 530.

10. JORGE BORGES DE MACEDO "A Indústria na Época Moderna". *In:* JOEL SERRÃO, *op. cit.*, v. 2, p. 531.

11. *Idem*, pp. 630-631.

12. *Idem*, pp. 532.

13. AHI-III Coleções Especiais de Portugal, *Apontamentos sobre a História da Indústria em Portugal*. Autógrafo do Conde de Linhares com informações até 1807, lata 186, pasta 1, maço 6.°. "Cuidou-se de fábricas que se estabelecessem a custa própria e não do Estado e adotou-se portanto o dar-lhe privilégios exclusivos,

Conforme Jorge Borges de Macedo[14], o fomento industrial pombalino provinha da necessidade de enfrentar a crise econômica grave que assolava Portugal. No setor têxtil, a legislação protecionista até 1760 dizia respeito apenas à tecelagem de seda, beneficiando em especial a Real Fábrica de Sedas do subúrbio do Rato.

O desenvolvimento da cotonicultura no Brasil, a ampliação do mercado exterior de artigos manufaturados de algodão na década de 1750 atraíram a atenção do governo português para o estabelecimento de unidades industriais destinadas a aproveitar a riqueza colonial. Fabricar tecidos de algodão tornou-se moda em Portugal.

Duas fábricas de tecidos de algodão foram criadas naquele país a 18 de setembro de 1769 — uma em Lisboa, outra em Aveiro. João Baptista Locatelli ofereceu-se para ensinar a fiar e tecer o algodão e disso aproveitou-se imediatamente o Marquês de Pombal, não sem antes ter quela manufatura atingidos pelos artigos 10.º e 14.º do alvará de 18 de setembro de 1769 receberam este privilégio[16].

Quer-nos parecer ter sido Locatelli o introdutor em Portugal, em âmbito oficial, da técnica de fiar o algodão para utilizá-lo em "differentes manufacturas". Pelo alvará de 5 de janeiro de 1774 concedia-se a Locatelli a isenção por dez anos de todos e quaisquer direitos nos portos e domínios portugueses para a exportação de tecidos de algodão, simples ou com mistura. Todos os fabricantes daquela manufatura atingidos pelos artigos 10 e 14.º do alvará de 18 de setembro de 1769 receberam este privilégio[16].

Escolas para ensinar a fiar o algodão surgiram nos subúrbios de Lisboa e ainda em Aveiro e Leiria, e em 1774, cinco anos após, mais dois estabelecimentos destinados à fabricação de tecidos de algodão: o de Alcobaça e Azeitão.

no que houve muita variedade segundo o merecimento de cada empresa. O mais importante foi o algodão."
14. JORGE BORGES DE MACEDO, *A Situação Econômica no Tempo de Pombal*, Porto, Livraria Portugália, 1951, p. 242.
15. AHI-III Coleções Especiais, *Apontamentos sobre a História da Indústria em Portugal*, lata 186, pasta I, maço 6.º.
16. *Collecção das Leis, Decretos e Alvarás (1759-1777)*, Lisboa, Regia Officina Typographica, 1798, p. 242.

A Fábrica de Alcobaça, com selo próprio[17], estava submetida à ingerência da Junta de Comércio e possuía os mesmos privilégios concedidos à Fábrica de vidros de Marinha Grande. O capital oriundo da venda de 400 ações não poderia ser retirado pelos acionistas antes de decorridos vinte anos e alcançava a elevada cifra de 40:000$000 réis. De início cinco diretores seriam nomeados entre os acionistas; posteriormente eleger-se-iam somente os portadores de mais de 10 ações, escolhidos por aqueles que tivessem no mínimo cinco ações. Os lucros só deveriam ser repartidos a partir do quarto ano da criação da empresa. Considerada como centro de ensino industrial, teria pelo menos oito aprendizes que poderiam ser aproveitados ulteriormente na fábrica. Devia-se fazer o provimento dos tecelões e ainda a admissão de tintureiros estrangeiros. Os materiais e instrumentos necessários estariam isentos de direitos de saída. Esta unidade industrial teria Casa de Conferência em Lisboa, cofre de 5 chaves e escrituração legal das vendas[18].

A Fábrica de Azeitão que produzia belbutes, baetilhas, colchas, saias e chitas[19] foi entregue a Raimundo Pinto de Carvalho. Emprestou-se-lhe a quinta de Azeitão por dez anos e a quantia de 12:000$000 réis para sua instalação. Incluída na categoria de fábrica real, com selo próprio subordinava-se à Junta de Comércio. Apesar dos favores e relevantes privilégios recebidos pouco êxito obteve, onerando sobremaneira a Fazenda Real. Além do empréstimo inicial, que não bastou, foi solicitada a quantia de 40:000$000 réis para cobrir as despesas[20].

Muitas das fábricas reais como a Covilhã, Fundão e Portalegre foram criadas e mantidas à custa de um fundo instituído logo após o terremoto de 1755, pelo Corpo do

17. Selo particular que distinguia as manufaturas que haviam sido examinadas pelos procuradores da corporação, atestando-se então sua qualidade e preço. Sem este as mercadorias não poderiam ser admitidas a despacho nas alfândegas de Portugal.

18. AHI-III Coleções Especiais — autógrafo do Conde de Linhares, lata 186, pasta I, maço 6.º.

19. *Belbutes*: tecido de algodão aveludado; *baetilha*: pano de de algodão felpudo; *chita*: tecido ordinário de algodão estampado em diversas cores.

20. AHI-III Coleções Especiais — autógrafo do Conde de Linhares, lata 186, pasta I, maço 6.º.

Comércio, que para ele contribuiu com o donativo de 4% sobre os direitos de entrada[21].

D. Maria I deu continuidade à política industrial protecionista desenvolvida por seu antecessor. Criou pelo alvará de 18 de julho de 1777 a Junta de Administração de todas as Fábricas do Reino e Águas Livres, liberou muitos produtos industriais de tributos, isentou de direitos alfandegários a matéria-prima para laboração das oficinas do Estado, favoreceu a indústria de lanifícios, meias, sedas e autorizou a criação de novas manufaturas[22].

Procurou incrementar, de igual modo, a fiação e tecelagem do algodão com o intuito de suprir as estamparias nacionais. Por alvará de 24 de abril de 1783, João Henrique Hanewinkel, de Hamburgo, foi encarregado de estabelecer uma fábrica de Branquearia e Estamparia e de administrar a de Alcobaça. Deveria propiciar o funcionamento dos teares, matricular os oficiais, introduzir por dez anos os "fiados finos" e por três anos "os grossos" que ficariam no decorrer desse período livre de direitos. Maiores exigências recaíram sobre a de Branquearia — escolha do terreno para compra, promoção da cultura do linho, obrigação de fabricar cambraias, estofos de linho e seda, fustões e malhas. As máquinas e o linho estariam livres por dez anos de direitos de entrada. Os oficiais não pagariam décima, nem quaisquer outros tributos. Concedeu-se o uso de armazéns para facilitar o escoamento das mercadorias[23].

O filatório de Chacim instalado em Portugal pelo decreto de 30 de junho de 1788, sob a direção do Desembargador Miguel de Barros, estava vinculado em usufruto aos Arnaud. Apesar de todas as atenções que lhe foram

---

21. BENTO CARQUEJA, *O Capitalismo Moderno e as suas Origens em Portugal*, Porto, Chardron, 1968, p. 143; Cf. CAETANO BEIRÃO, *D. Maria I (1777-1792)*, 2.ª ed., Lisboa, Empresa Nacional de Publicidade, 1934, p. 134. Embora continuassem a pertencer à Fazenda Real estas fábricas foram reunidas numa Administração-geral da qual participaram os opulentos mercadores Antonio J. Ferreira, Jacinto F. Bandeira e Joaquim Pedro Quintella pelo espaço de 20 anos.

22. CAETANO BEIRÃO, *op. cit.*, p. 131.

23. AHI-III Coleções Especiais — autógrafo do Conde de Linhares, lata 186, pasta I, maço 6.º.

dispensadas "esteve em termos de acabar pelo abandono perfeito no espaço de tres annos"[24].

A complexa legislação protecionista procurava corrigir os efeitos da concorrência estrangeira sobre as fábricas reais. Por Decreto Régio de 1793 todas as fábricas de fios e galões de ouro e prata existentes em Portugal e que concorriam com a do governo deveriam ser fechadas. Precauções foram tomadas, igualmente, em relação às manufaturas que principiavam a surgir no Brasil. Também as fazendas, manufaturas, e "mais obras tintas, pintadas, coloridas e estampadas em panos" que não tivessem sido tecidas nas fábricas do Reino, ou no Continente e nos territórios de Goa, Dio e Damão ficariam sujeitas ao pagamento dos direitos de saída no Consulado e de entrada, nas alfândegas dos domínios ultramarinos[25].

Estas medidas, entre outras, alicerçavam a política portuguesa tradicional para enfrentar a concorrência estrangeira, mas nem sempre produziram resultados satisfatórios, visto que ao serem postas em execução deixavam transparecer desadaptações e beneficiavam freqüentemente mais os estrangeiros do que a indústria para a qual haviam sido feitas.

Ademais as interpretações ambíguas da legislação dificultavam sua prática, a exemplo do alvará de 4 de fevereiro de 1811 e o de 28 de abril de 1809. A Junta de Comércio recebia inúmeras representações por não se achar em vigor o artigo 36 do alvará de 4 de fevereiro de 1811 o que prejudicava as fábricas de estamparia em Portugal e tornava a manufatura mais cara do que a estrangeira[26].

Tentou-se equiparar o desenvolvimento tecnológico das indústrias portuguesas ao de suas congêneres britânicas. Em Portalegre, nas fábricas de tecelagem de lã e depois de algodão, foi onde com todas as probabilidades se introduziram as primeiras máquinas inglesas. As máquinas eram *jennies* e *mule jennies* e teares mecânicos

24. AHI — lata 186, pasta I, maço 3.º. Rascunho da Réplica (...) ·
25. *Collecção das Leys e Decretos*, Lisboa, v. 6 e 7, pp. 195 e 157, respectivamente.
26. *O Correio Braziliense*, Londres, 1816, v. 17, p. 442.

movidos a força animal e água. A máquina de fiar da Real Fábrica de Sedas (introduzida perto de 1785 ou antes) movida a boi, punha em movimento 192 fusos; a de Thomar a água acionava 320 fusos[27].

A aplicação de capitais particulares e estatais, a importação de máquinas e técnicos estrangeiros, e a proteção legal não bastaram para equiparar os tecidos portugueses, em qualidade e custo aos de procedência britânica. Para terminar com o contrabando e afastar as perigosas pretensões inglesas de terem suas manufaturas admitidas legalmente em Portugal, Jacome Ratton, ex-negociante da praça de Lisboa, aconselhava a implantação de unidades têxteis e a dinamização do processo de fomento industrial naquele país. Por seu intermédio, foi estabelecida em 1789 a Fiação de Thomar e projetou-se a criação de outra da mesma espécie na quinta da Póvoa, junto à vila da Barca, Província do Minho[28].

No início do século XIX as indústrias de estamparias e chitas encontravam-se em crise. As chitas eram avaliadas em Portugal a 240 réis o côvado. A azul pagava de saída 3% sobre esta avaliação. Por outro lado os negociantes ingleses vendiam as chitas em Portugal a 120 réis até 200 o côvado. As fazendas de Bengala utilizadas na estamparia, pagavam de direito na Casa da Índia 16% acrescentando-se os 3%, enquanto as inglesas pagavam somente 15%, com 4% de vantagem em relação às fabricadas em Portugal. As fazendas inglesas que houvessem pago direitos naquele país não pagariam mais ao entrar no Brasil tornando-se evidente que as chitas inglesas podiam ser exportadas de Lisboa para o Brasil mais baratas do que as portuguesas[29].

O jornal *O Correio Braziliense* preconizava em 1813 a livre entrada em Portugal do algodão brasileiro, bem

---

27. JORGE BORGES DE MACEDO, "A Indústria na Época Moderna". *In*: SERRÃO, Joel, *op. cit.*, t. 2, p. 532.
28. JACOME RATTON, *Recordações*... fidalgo, Cavaleiro da Casa Real, Cavaleiro da Ordem de Christo, ex-negociante da praça de Lisboa, e deputado do Tribunal Supremo da Real Junta de Commercio, agricultura, fabricas e navegação, sobre as ocurrencias de seu tempo em Portugal... maio de 1747, set. 1810, Londres, H. Bryer, 1813, pp. 43-50.
29. *O Correio Braziliense*, Londres, 1813, v. 11, p. 847 e segs.

como a concessão de prêmios quando fosse exportado manufaturado[30]. Esta medida parecia necessária, pois Portugal continuava dependente da matéria-prima oriunda do exterior e as fábricas de tecidos de algodão não conseguiam suprir o consumo das de estamparia. Com efeito, os dados registrados em 1813 no jornal *O Investigador Português* demonstram que Portugal recebia anualmente do Brasil 50 mil sacas de algodão no valor de 4 milhões e 880 cruzados; 7 mil fardos de algodão de Bengala e 2 mil da costa do Malabar, importado pelas colônias da África e do Brasil[31].

Muitas fábricas foram fechadas. O lanifício de Cascais foi posto à venda em 1810 pela importância de 28:802$281 réis[32]. Diversas vilas de Portugal, tais como Mesquitella, Cabra, Trancozo, Castro Verde e os estabelecimentos reais da Covilhã, Fundão e Celorico cuja atividade principal era a fabricação de tecidos, achavam-se em decadência. D. Antônio da Vezitação F. de Carvalho responsabilizava o atraso dos conhecimentos químicos, os/ limitados avanços da veterinária e a impossibilidade de concorrer em qualidade com as mercadorias estrangeiras — fixação das cores e lustro dos tecidos — como causadores da ruína daquele ramo da indústria nacional[33]. Jacome Ratton, em contrapartida, referia-se ao tratado de 19 de fevereiro de 1810, firmado com a Inglaterra, como o único responsável. Alegava-se ainda que a abertura dos portos brasileiros ao comércio com "as nações amigas" tinha agravado o colapso da indústria portuguesa.

D. João VI, que desde 1808 residia com sua Corte no Brasil, tentou reabilitar e restaurar o setor fabril português. Medidas legais de cunho evidentemente protecionista foram decretadas, tais como o alvará de 28 de abril de 1809 em seus artigos 1, 2, 3, 5. Há uma relação de continuidade entre esta lei e a de 11 de outubro de 1808,

30. Idem, p. 849.
31. *O Investigador Português em Inglaterra*, Londres, 1813, v. 8, p. 574.
32. *O Correio Braziliense*, 1816, v. 17.
33. *O Investigador Português*, 1813, v. 8, p. 570. "Memoria Economica sobre a utilidade de applicar as manufacturas das nossas materias primeiras aos progressos da agricultura". D. Antonio da Vezitação F. de Carvalho.

a Carta Régia de 2 de janeiro de 1809[34] e a lei de 13 de julho de 1811.

A partir de 1814-1815, anunciava-se em Portugal um esforço maior em prol da industrialização orientado pela obra econômica de Acúrsio das Neves, adversário da fisiocracia e seguidor de Smith, Say, Sismondi. Suas idéias principais ligavam-se à introdução de técnicas industriais mais modernas em Portugal, incremento das manufaturas, afastamento da indústria estrangeira e intervenção do Estado impedindo porém que chegasse à regulamentação minuciosa e inibidora[35].

Conforme demonstrou Vitorino Magalhães Godinho, aquele surto de industrialização, iniciado em 1814, ganhou importância relativa em 1823 com a duplicação dos estabelecimentos industriais. Revelou-se, por outro lado, incompatível com a estrutura sócio-econômica e política de Portugal, só obtendo melhores resultados a partir de 1834, graças às transformações que se processaram dentro do País.

3. *Colonial*

No Brasil predominou, até fins do século XVIII, uma economia quase exclusivamente agrícola, fornecedora de gêneros tropicais e orientada para a exportação. Sua população fixara-se, em grande parte, nas zonas rurais onde prevalecia uma economia de certa forma auto-suficiente que prescindia de mercados exteriores.

No período colonial, entre as atividades industriais existentes, apenas a fabricação do ferro e as manufaturas têxteis conseguiram alcançar algum desenvolvimento. Estas espalharam-se por várias regiões do Brasil, tais como Pará, Maranhão, Ceará, Bahia, Pernambuco, São Paulo. O interesse pela produção de tecidos em Minas Gerais iniciou-se na segunda metade do século XVIII, e daí por diante, até o alvará proibitório de 5 de janeiro de 1785,

---

34. A legislação encontra-se em *Collecção das Leis do Brazil* nos volumes relativos a 1808, 1809 e 1811.

35. VITORINO MAGALHÃES GODINHO, *A Estrutura na Antiga Sociedade Portuguesa*, Lisboa, Ed. Arcadia, 1971, pp. 108, 113 e 114.

tornou-se o centro industrial mais desenvolvido da colônia.

Restrições legais foram impostas às manufaturas florescentes, atingindo principalmente as de algodão que se haviam alastrado em Minas Gerais e Rio de Janeiro. O primeiro alvará de 5 de janeiro de 1785, ao impedir a existência daquelas atividades econômicas na colônia, prejudiciais à agricultura e que competiam com similares em Portugal, marcou uma mudança de rumo na política econômica portuguesa. É estranho que tal restrição tenha sido prescrita com atraso para o Brasil, quando em grande parte dos países europeus já se achava em vigor um século antes.

O governo português tomara consciência de que a atividade industrial da colônia era perigosa, prejudicial e que convinha ser extinta. A diminuição do rendimento das alfândegas, o decréscimo na exportação de determinados gêneros[36] reclamavam da Coroa portuguesa medidas saneadoras. Ademais, o governo percebia, alertado possivelmente pelo exemplo americano de 1776, que o desenvolvimento das manufaturas coloniais abriria sérias perspectivas para a consumação da autonomia política brasileira.

Por isso provocaram relativa surpresa os atos governamentais de 1795, que permitiam o estabelecimento de fábrica de ferro no Brasil, instituíam para o produto importado uma tarifa moderada de direitos de entrada e prometiam a abolição do abominável monopólio do sal.

36. Cf. CAIO DE FREITAS, *George Canning e o Brasil*, S. Paulo, Ed. Nacional, v. 1 (coleção Brasiliana), v. 298, p. 152. O Marquês de Lavradio, vice-rei do Rio de Janeiro, em relatório ao seu sucessor o advertia sobre os possíveis perigos que resultariam do progresso da indústria têxtil na colônia; *Documentos Interessantes*, Departamento do Arquivo do Estado de São Paulo, S. Paulo, v. 145, p. 423 — ofício de Martinho de Mello e Castro, ministro e secretário de Estado de D. Maria I a D. Luís de Vasconcelos e Sousa, vice-rei do Brasil, onde informava que o governo português sabia da existência de manufaturas coloniais, alertado pela diminuição do rendimento das alfândegas e pelo decréscimo na exportação de determinados gêneros. Tal situação parece ter sido causada pela concorrência daquelas manufaturas têxteis com as fábricas do Reino e pelo aumento do contrabando, praticado especialmente pelos ingleses e do qual Portugal tinha notícias evidentes e demonstrativas.

Com efeito no final do século XVIII, orientações diferentes para os negócios brasileiros marcaram a política econômica portuguesa. Algumas medidas de cunho liberal, tais como incentivo às indústrias metalúrgicas e abolição dos contratos reais do sal e da pesca das baleias, parecem estar ligadas às tentativas do governo português de resolver problemas econômicos de caráter prático[37]. A indústria têxtil, pelos motivos expostos, permaneceu no ostracismo propositadamente, ressurgindo sob amparo estatal durante a permanência de D. João VI no Brasil.

A política industrial protecionista implantada por D. João VI teve como ponto de partida o alvará de 1.º de abril de 1808, que revogou todas as disposições anteriores que proibiam a instalação de fábricas, tornando legal a sua existência no Brasil. Os alvarás de 28 de abril de 1809 e de 6 de outubro de 1810 complementaram parcialmente aquela iniciativa. Este último indicava a necessidade de ampliar-se a resolução anterior, estendendo-a também ao Brasil. Facultava isenção de direitos de entrada e saída nas alfândegas, ao fio, tecidos de algodão, estamparias, seda ou lã aqui fabricadas em estabelecimentos particulares ou criados pela Real Junta de Comércio[38].

Quer-nos parecer que D. João VI, tendo como diretriz os problemas práticos com que se defrontaram o Brasil e Portugal, não ficou imune à presença intelectual do economista José da Silva Lisboa. Apontado como autor ideológico da abertura dos portos brasileiros ao comércio internacional, interessou-se também pela industrialização do Brasil. Homem de grande prestígio e influência junto ao governo, agraciado com inúmeros títulos e cargos na admi-

---

37. A produção do ferro foi uma das soluções encontradas para se tentar o reerguimento da atividade mineradora. Cf. MYRIAM ELLIS, *A Baleia no Brasil Colonial*, S. Paulo, Edições Melhoramentos e Ed. USP, 1969, pp. 160 e 161 — a decrepitude do sistema de entraves ao livre comércio, a urgência em reativar o comércio luso-brasileiro e em planejar novos recursos materiais para estabilidade financeira da Metrópole, as expedições baleeiras dos ingleses e norte-americanos no Atlântico sul, suscitaram em Portugal projetos de ampliação da marinha mercante e das pescarias.

38. *Collecção das Leis do Brazil de 1809 e 1810.* O alvará de 1809 isentava de direitos de entrada a matéria-prima necessária às manufaturas do Reino.

nistração pública, respeitado por seus conhecimentos de Economia Política, é possível que suas opiniões tenham sido levadas em conta nesta questão. Entretanto, considerava José da Silva Lisboa que o Brasil deveria optar pelo exemplo dos Estados Unidos a respeito de fábricas. Observou que a economia brasileira deveria evoluir naturalmente sem pretender superar de modo repentino o grande atraso herdado do rígido sistema colonial. Partidário entusiasta da industrialização do Brasil, mostrava-se reticente no tocante às indústrias têxteis. Sugeria a importação de tecidos da Grã-Bretanha, bem mais adiantada, a fim de não provocar o desvio de capitais de ramos mais produtivos, como a agricultura[39].

A produção de tecidos no Brasil recebeu um grande apoio estatal após o ano de 1810. Tendo em vista os acordos comerciais firmados com a Inglaterra naquela data, acreditamos que este incentivo tenha resultado de uma espécie de desafio econômico à infiltração de mercadorias britânicas congêneres em solo brasileiro.

Dentre as fábricas particulares matriculadas na Real Junta de Comércio no governo de D. João VI foram relativamente poucas as destinadas à produção de tecidos. No Rio de Janeiro, local de vultoso movimento econômico, instalou-se uma de galões de ouro e prata em 8 de fevereiro de 1810; uma de tecidos de algodão e seda anterior a 1810, duas de algodão respectivamente em 17 de março de 1811 e 1.º de julho de 1812, uma de estamparia a 5 de setembro de 1820. Em São Paulo, a 16 de outubro de 1813, criava-se uma de algodão e seda[40].

Em Minas Gerais, onde havia se concentrado tradicionalmente florescente manufatura têxtil, verificaram-se novas tentativas de reimplantação e reorganização fabril, após a liberdade industrial concedida pelo Príncipe Re-

39. JOSÉ DA SILVA LISBOA, *Observações sobre a Franqueza de Indústrias e Estabelecimento de Fábricas no Brasil*, Rio de Janeiro, Impressão Régia, 1810, p. 11.

40. ANRJ — Registro das Provisões de Matrículas de Fábricas (livro I, col. 217), *apud* NÍCIA VILELA LUZ, A Política de D. João VI e a Primeira Tentativa de Industrialização no Brasil, *Revista do IEB*, S. Paulo (5):38, 1968. Das dezesseis fábricas matriculadas no Rio de Janeiro, apenas cinco estavam ligadas ao setor têxtil.

gente D. João. A fábrica de Registo Velho estava incluída entre as mais antigas. Fundada, a julgar-se pela informação de Luccock, por volta de 1768, produzia mercadorias que eram vendidas em todo território brasileiro. Seu proprietário foi obrigado a ir a Lisboa, por infração das leis coloniais. Retiveram-no aí por vinte anos, enquanto a fábrica entrava em decadência[41]. Tudo leva a crer tratar-se do inconfidente Padre Manuel Rodrigues da Costa, um dos pioneiros da fabricação de tecidos em Minas Gerais, conforme o demonstrou Américo Jacobina Lacombe[42]. O regulamento dessa antiga instituição estruturava-se no da Fábrica Real da Covilhã quanto à procedência dos capitais, organização administrativa e concessão de privilégios[43]. Em decorrência do alvará de 1.º de abril de 1808, seu reerguimento foi tentado e a abundante produção obtida era consumida em grande parte no fardamento do Corpo de Polícia do Rio de Janeiro. Do total de tecidos de algodão exportados de Minas Gerais em 1818, isto é, 1 242 543 varas, a maioria provinha das fábricas de Registo Velho e Vila Rica[44].

O governo central resolveu reanimar e incrementar a tradicional produção mineira de tecidos, fornecendo-lhe

41. JOHN LUCCOCK, *Notas sobre o Rio de Janeiro e Partes Meridionais do Brasil*, S. Paulo, Livraria Martins. Trad. Milton da Silva Rodrigues, pp. 355-356. O inglês em sua viagem a Minas realizada em 1818 escreveu que cinqüenta anos antes estivera em funcionamento a fábrica de tecidos de algodão e lã do Registo Velho.

42. AMÉRICO JACOBINA LACOMBE, Origens da Indústria de Tecidos em Minas Gerais, *Digesto Econômico*, S. Paulo, (32):99-101, 1947. O autor assinalou que o referido padre foi um dos precursores da organização fabril em Minas e empregou sua fortuna na fabricação de tecidos de lã e algodão no Registo Velho. Acrescentou ter sido o Coronel Antônio Barbosa da Silva, igualmente, um dos pioneiros da indústria mineira de tecidos. Em Sabará, fez plantar o linho, mandou vir artistas da Europa, e fez tecer lãs, linhos, algodões lisos e lavrados.

43. AHI — Coleções Especiais III — Correspondência da Junta de Comércio (1817-1822). Formulário composto de 30 artigos da fábrica de algodão do termo da Vila de Barbacena (sem data e assinatura). O formulário parece ter sido escrito em época pombalina.

44. HEITOR FERREIRA LIMA, *História Político-Econômica e Industrial do Brasil*, S. Paulo, Ed. Nacional, 1970 (Coleção Brasiliana), p. 167.

auxílio técnico e assim, através da Provisão de 11 de maio de 1813, um mestre tecelão seria enviado a Minas às custas da Real Junta de Comércio[45].

Em 1814, fundou-se em Vila Rica, por iniciativa do Conde de Palma, uma sociedade por ações para a organização de uma tecelagem de algodão. Seu capital proveniente de 24 ações de 200$000 elevava-se a 4:800$000 réis. O mestre porém pedia a quantia de 3:494$000 réis quase o capital possuído pela sociedade, só pelo engenho de cardar e pelo filatório[46]. No ano seguinte a fábrica começou a funcionar, porém com outro mestre.

No Espírito Santo eram produzidos tecidos de algodão brancos e grossos, originários de filatórios manuais e semelhantes aos de Minas Gerais. A produção de tecidos disseminou-se igualmente por outras províncias brasileiras. Spix e Martius[47] referem-se à existência, no interior do Maranhão, de 521 máquinas manuais de descaroçar algodão e na cidade, de 230 teares para algodão, entre outros aparelhos destinados a diferentes atividades econômicas. No Pará ao tempo do Governador Lobo D'Almada, já havia fiação de algodão que ocupava 20 a 30 índios.

De alguma forma consoante ao que se nos afigura, o governo favoreceu o desenvolvimento desse ramo industrial naquelas regiões. Em Goiás tentou fomentar a produção de meias. João de Souza, mestre da repartição de meias da Fábrica de Sedas de Lisboa, foi convidado a ir àquela província levando dois teares de meias para ensinar e promover aquela indústria[48].

D. João VI instituiu no Rio de Janeiro, por conta da Fazenda Real, uma fábrica de fiação. Instalada, a princípio no Sítio do Catumbi, passou a funcionar depois na Fazenda da Lagoa Rodrigo de Freitas, que fora incor-

45. Origens da Indústria de Tecidos em Minas Gerais, *Digesto Econômico*, S. Paulo, (32):99-101, 1947.
46. *Revista do Arquivo Público Mineiro*, B. Horizonte, 1904 jul.-dez., pp. 548 e 549.
47. *Viagem ao Brasil*, Rio de Janeiro, Imprensa Nacional, 1938, v. 2, pp. 171 e 544.
48. *Documentos para a História da Independência*, Rio de Janeiro, Biblioteca Nacional, 1923, v. 1, p. 166.

porada ao Patrimônio Real em outubro de 1808 e, compreendia diversas chácaras arrendadas por particulares[49].

A propriedade de José Pinto de Miranda, parente de Domingos Pinto de Miranda, feitor da Fazenda da Lagoa, constituía o local considerado ideal para o estabelecimento daquela unidade fabril. Aí seriam produzidos tecidos e novas máquinas destinadas à modernização têxtil de diversas províncias brasileiras. Existiam também planos para transformar a referida fábrica numa escola de aprendizagem industrial. Mais tarde foram adquiridas maiores instalações, com melhor casa, pela importância de 8:000$000 réis, e maquinaria original trazida de Portugal por intermédio da Junta de Comércio. A partir de 1819 Leonardo Pinheiro de Vasconcelos recebia mensalmente do governo 400$000 réis para gastos com a fábrica e ainda uma ajuda de custo de 600$000 réis[50].

Apesar dos privilégios e dos capitais aplicados pela Fazenda Real a fábrica não prosperou. Em 1821, afixaram-se editais de venda da fábrica em Minas Gerais, Rio de Janeiro e São Paulo, bem como da chácara onde estava situada[51]. Porém a falta de compradores tornou necessária a renovação dos editais quatro meses depois. Os interessados apresentariam um requerimento à Junta de Comércio e teriam assim livre acesso à fábrica para verificação do inventário dos bens e explicações sobre o uso das máquinas[52]. Um ano depois propunha-se que "os teares e mais pertences da Fábrica" fossem vendidos à sociedade de fiação de São Paulo e da qual era sócio o paulista Thomé Manoel de Jesus Varella[53].

49. *Collecção das Leis do Brazil de 1808.* Decreto de 12.10.1808, p. 147.
50. *Collecção das Leis do Brasil de 1819.* Rio de Janeiro, Imprensa Nacional, 1869, pp. 66 e 67. Carta Régia de 11.10.1819. O documento não alude à existência duma fábrica anterior dando idéia de que esta havia sido criada naquela data. — Decreto 27 de novembro de 1819.
51. DI (1808-1822), v. 60, 1937, p. 241. Edital de venda de fábrica de tecidos, assinado por José da Silva Lisboa e José Manoel Plácido de Moraes em 17.05.1821.
52. *A Gazeta do Rio de Janeiro,* Rio de Janeiro, Imprensa Régia, agosto, 1821.
53. DI (1808-1822) — v. 60, 1937, p. 262 e s. — Resolução do Príncipe Regente D. Pedro, de 3.08.1822.

Esta foi na realidade uma medida profilática do Príncipe Regente D. Pedro, que assoberbado pelos problemas financeiros resultantes do regresso da Corte para Portugal se via na contingência de vender a fábrica, sinal evidente dos poucos lucros amealhados pelo Real Erário.

A Real Junta de Comércio, de fato, tinha enormes despesas com estabelecimentos industriais no Brasil. Entre 14 de agosto de 1809 até 31 de dezembro de 1820, somente com fábricas de algodão, a despesa alcançara a cifra de 23:345$285 réis e 6:394$527 réis com o *ex-collegio* das fábricas. A receita era originária do Tesouro que por consignação depositava mensalmente na Junta de Comércio quantias determinadas (sete consignações mensais para despesas das fábricas de algodão correspondente a 2:800$000 réis)[54]. Com deliberado propósito incentivador, o governo instituiu, pelo artigo IV do alvará de 28 de abril de 1809, um fundo de auxílio às manufaturas que mais necessitassem, particularmente as de lã, de algodão e seda, bem como para as fábricas de ferro e aço. Este fundo era retirado anualmente da Loteria Nacional do Estado e somava a importância de 60.000 cruzados. As fábricas que recebessem auxílio financeiro não precisavam restituí-lo, porém ficavam obrigadas a contribuir com o maior desvelo para seu progresso.

O governo não se omitiu; procurou, sim, ativar o crescimento econômico brasileiro. Tentou atrair a iniciativa particular, buscando ao mesmo tempo criar uma fiação e tecelagem-modelo sustentada pela Fazenda Real. Auxiliou financeiramente a fabricação de algodão e através de uma legislação protetora, procurou controlar, embora nem sempre com resultados satisfatórios, os efeitos da concorrência estrangeira.

---

54. *A Gazeta do Rio de Janeiro*, Rio de Janeiro, Imprensa Régia, n.º 17, 19.06.1821.

2. A INDUSTRIALIZAÇÃO DO ALGODÃO NA CIDADE DE SÃO PAULO

1. Processo Histórico Empresarial

O renascimento do interesse pela produção de tecidos na cidade de São Paulo decorreu, sem dúvida, das medidas liberais adotadas pelo Príncipe Regente D. João durante sua permanência no Brasil. Os efeitos positivos da liberdade industrial, obtida através do Alvará de 1.º de abril de 1808, puderam ser observados pelos viajantes estrangeiros que estiveram na cidade na segunda década do século XIX. O inglês Mawe ao percorrê-la, entre os anos de 1809 e 1810, registrou a presença de núcleos têxteis de limitada importância econômica, dedicados à fiação do algodão e à tecelagem de lã que servia para confeccionar grande variedade de roupas. O sueco Beyer, ao visitar São Paulo em 1813, mencionou a existência de diversas manufaturas de pequeno vulto, destacando as de renda e tecidos de algodão de qualidade e cores diversas.

Além dos testemunhos de Mawe e Beyer, que assinalaram a incipiência do setor têxtil, há indícios também de que já em 1811 se encontrava instalada, na cidade, a modesta unidade produtora de tecidos do Ten.-Cel. Antônio M. Quartim[1].

Todavia a nomeação, pelo governo central, de um mestre fabricante de tecidos de algodão, sustentado em parte pela Real Junta de Comércio, para atuar na cidade de São Paulo, representou a primeira tomada de posição do Estado para fomentar aí aquela atividade manufatureira. Embora não estejam perfeitamente esclarecidos os motivos que condicionaram tal designação, pode-se aventar para ela explicações plausíveis.

A conjuntura internacional atuou qual mola propulsora do desenvolvimento fabril da colônia. O sucesso alcançado pela indústria algodoeira e a crescente amplitude do mercado consumidor de tecidos de algodão agiram no processo de fomento têxtil. A centralização política da administração portuguesa nó Brasil, resultante da crise européia de 1807, acarretou uma tendência do Estado joanino de promover economicamente a terra. Prolongava-se, também, em 1813, a guerra anglo-americana iniciada no ano anterior, a qual — entravando o comércio de algodão — causou alterações nos preços deste gênero. Os valores alcançados pelo algodão maranhense e pernambucano, entre 1813 e 1815, no mercado londrino, e arrolados no jornal O Correio Braziliense, atestam a alta da mercadoria. Nota-se, da mesma forma, que já se faziam sentir no Brasil os efeitos nocivos do tratado comercial ajustado com a Inglaterra em 1810. Aquele país, grande produtor de tecidos de algodão e favorecido por vantajosas tarifas aduaneiras, consumava cada vez mais seu poderio econômico em território brasileiro.

É bem possível que o amparo legal e financeiro dispensado ao setor têxtil pela administração régia tenha resultado de um desafio econômico à infiltração inglesa

1. PAULO RANGEL PESTANA, A Expansão Econômica do Estado de São Paulo (1822-1922), pp. 25 e 26, apud ERNANI SILVA BRUNO, op. cit., v. 1, p. 321.

no Brasil, agindo outrossim como fórmula capaz de limitá-la. Esta atitude representava uma solução considerada eficaz de oposição aos ditames da política econômica adotada pela Inglaterra em áreas coloniais. Conforme Nícia Vilela Luz[2], há indícios de que a implantação de uma nova política governamental para a indústria têxtil, a partir de 1815, deve ser explicada principalmente em função das condições do comércio português com a Ásia. As fazendas de algodão indianas constituíam, até 1815, mercadoria importante nesse comércio, zelosamente defendido pelo governo português no Tratado de 1810.

O governo procurou incrementar a indústria têxtil no Brasil preocupando-se mais em aprimorar as manufaturas existentes do que em criar outras novas. Este fato, parece ter atuado como forte agente catalisador da atenção oficial que vislumbrou, no aperfeiçoamento técnico das manufaturas, a possibiliddae de aumento dos réditos reais. Afigurava-se, pois, proveitoso e menos arriscado para a' Coroa colaborar para o desenvolvimento das indústrias em regiões já tradicionalmente ligadas àquela atividade.

Esta predisposição do governo fundamentava-se, sem dúvida, na existência de áreas produtoras de matéria-prima encontradas nos arredores da cidade e interior da Capitania e à oferta significante de mão-de-obra constituída por fiandeiras e tecelões que residiam nas zonas central e periférica da cidade de São Paulo.

A falta de rios navegáveis que lançassem suas águas ao mar, o imprescindível emprego de animais para o escoamento dos produtos exportáveis alertaram o Marquês de Alegrete, governador de São Paulo, para a conveniência de se desenvolver, na Capitania, a produção de "gêneros de pouco peso e muito valor". Portanto, "nenhum melhor do que os de algodão" que, segundo o testemunho do marquês, prosperava na região[3].

2. "As Tentativas de Industrialização do Brasil", in *História Geral da Civilização Brasileira*, S. Paulo, DIFEL, 1971, t. 2, v. 4, p. 34.

3. AE. *Ofícios dos Generais aos Tribunais Régios (1808-1821)*, 405, cx. 47, livro 122 — Ofício de agosto de 1813, Marquês de Alegrete.

Esta argumentação, se não fosse apresentada *a posteriori*, isto é, em agosto de 1813, poderia ser tomada como fator decisivo no envio do mestre-tecelão para esta cidade. Todavia, por serem razões bastante ponderáveis, já deviam ser conhecidas da administração central e desse modo teriam pesado naquela Provisão Régia.

Lembramos ainda a possibilidade de aproveitamento da experiência portuguesa referente à cuidadosa localização dos centros manufatureiros, atendendo-se à proximidade da matéria-prima, artesanato, facilidade de transporte e produção doméstica do fio. Ademais salientava-se a importância da interiorização das fábricas, onde a concorrência estrangeira dificilmente venceria a indústria regional defendida pelo transporte oneroso, baixo preço do trabalho local e escasso poder aquisitivo das populações[4].

Esta experiência deve ter sido transportada para o Brasil, visto que em 1820, ao se apresentarem os resultados negativos da iniciativa real de promover a industrialização do algodão no Brasil, D. João VI reiterava a sua importância e chamava a atenção "para quanto promovem a riqueza semelhantes estabelecimentos principalmente nas terras centrais"[5].

O governo, ao encorajar a industrialização do algodão na cidade de São Paulo, previa perspectivas animadoras de aumento de riqueza pela facilidade de transporte, alto valor da mercadoria, fácil acesso às fontes de matéria-prima, oferta de trabalho relativamente abundante aliados a uma conjuntura internacional favorável. A disponibilidade da matéria-prima constituía por si só um ponto positivo, oferecendo vantagens em relação à indústria algodoeira britânica, que dependia de um recurso natural que não podia ser produzido internamente. Conjugavam-se, assim, na capital paulista, diversas circunstâncias que tendiam a secundar o desenvolvimento da atividade têxtil e indicavam a possiiblidade de uma benéfica transposição

---

4. JORGE BORGES DE MACEDO, "Indústria na Época Moderna", in: JOEL SERRÃO, *Dicionário de História de Portugal*, Porto, Livraria Figueirinhas, v. 2, pp. 531 e 532.

5. AE. *Circulares*, 231, cx. 5, pasta 5, maço 5. Comunicação de João Carlos Oeynhausen ao Mestre Toxa em 31.08.1820. As Capitanias de São Paulo e Minas eram tidas como capitanias centrais.

da experiência econômica peninsular. Gustavo Beyer anteviu as imensas potencialidades da terra quando escreveu:

Tudo ali há por preços reduzidos, com exceção de roupas para ambos os sexos, por ser artigo de importação, apesar do país produzir lã e algodão em abundância. Quando São Paulo compreender a utilidade das fábricas e chegar o tempo de sua instalação, esta Capitania terá dentro de si mesma tudo quanto é preciso para ser independente de todas as mais [6].

Tais razões justificam perfeitamente a designação do mestre-tecelão Thomaz Roiz Toxa, natural do Porto, por intermédio da Provisão Régia de 11 de maio de 1813, para auxiliar de modo mais positivo e eficaz "aquelas manufaturas que se tem principiado na Capitania"[7]. Ao divulgar a razão de sua permanência na cidade foi logo procurado pelo Capitão João Marcos Vieira, da Corte do Rio de Janeiro, que se encontrava em São Paulo e pretendia instalar uma fábrica de tecidos. Os negócios entre Mestre Toxa e o Capitão Vieira ajustaram-se na presença do governador da Capitania de São Paulo[8].

São Paulo não obteve com isto vantagens especiais, pois, nas mesmas circunstâncias, foram nomeados mestres-tecelões para diferentes Capitanias, demonstrando claramente os propósitos reais de desenvolver a algodoaria no Brasil.

Os proprietários das fábricas apresentariam um requerimento, segundo o que explicitava a Provisão Régia, solicitando os serviços do mestre-tecelão. O governador da Capitania[9] possuía amplos poderes delegados pela Junta

---

6. Ligeiras Notas de Viagem do Rio de Janeiro à Capitania de São Paulo no verão de 1813, *RIHGSP*, v. 12, p. 299.

7. DI., v. 60, pp. 100 e 101. Cf. RICHARD MORSE, *Formação Histórica de São Paulo*, S. Paulo, DIFEL, 1970, p. 72: "D. João também se preocupou com uma pequena fábrica de tecidos estabelecida em 1811 e dirigida por um português mestre fabricante de tecidos". Levando-se em consideração a existência de limitado número de tecelagens de significância vinculadas ao nome do Príncipe Regente e a coincidência da citação relativa à presença aí de um mestre-tecelão português, e é de se supor que a data anotada tenha sido incorreta e se refira realmente ao sucedido em 1813.

8. AE. *Circulares*, 231, cx. 5, maço 5, pasta 4. Representação de Mestre Toxa.

9. AE. *Livro 179*, 423, cx. 65. Provisão de 11.05.1813.

de Comércio para designá-lo onde julgasse mais conveniente.

Há uma aparente discrepância entre a política industrial adotada pelo Príncipe Regente D. João de antepor o aperfeiçoamento à criação de novas manufaturas têxteis e a nomeação do mestre-tecelão para atuar na recém-nascida fábrica do Capitão João Marcos Vieira. O governo resolveu, evidentemente, orientar-se por um critério econômico, quando determinou que os ouvidores sondassem "as possibilidades dos que tiveram Fábricas, ou quiserem o dito Mestre para as estabelecer". O governador de São Paulo escolheria aquele que considerasse apto a promover "maiores progressos no dito estabelecimento"[10].

O Capitão João Marcos Vieira parecia ser o que apresentava melhores condições. Nascido em Santa Catarina, era de família abastada, possuidora de terras no Rio de Janeiro[11]. Tinha 40 anos de idade, em 1812[12], quando resolveu instalar uma tecelagem na cidade de São Paulo. É possível que se tenha engajado anteriormente neste ramo de negócio e isto sem dúvida explicaria seu interesse em investir capitais nesta atividade.

A 16 de outubro de 1813, tendo sua matrícula registrada na Real Junta de Comércio, entrava em funcionamento a fábrica de tecidos de algodão e seda do catarinense João Marcos Vieira[13]. A empresa, sustentada com capital particular, ficava submetida à ingerência da Real Junta de Comércio instituída no Brasil em 1808.

Temendo gastos inúteis, a Coroa, por intermédio da Junta de Comércio, procurou fiscalizar as atividades operacionais do mestre-tecelão exigindo que os ouvidores da Comarca elaborassem relatórios anuais contendo informações sobre o procedimento do mestre, as benfeitorias in-

10. DI. v. 60, pp. 101 e 102.
11. MARIA GRAHAM, *Diário de uma Viagem ao Brasil*, S. Paulo, Ed. Nacional, 1956 (col. Brasiliana), pp. 311 e 312. A viajante inglesa referiu-se ao Cap. João Marcos Vieira como o proprietário do Engenho dos Afonsos. Na realidade a "fazenda pertencia à avó de João Marcos que era natural de Santa Catarina". Atualmente Campo dos Afonsos, onde está sediada a Escola de Aviação Comercial.
12. AE. *População da Capital*, 35, cx. 35.
13. DI. v. 60, pp. 101 e 102.

troduzidas na fábrica, incluindo ainda,. sugestões para o seu desenvolvimento[14].

Através da Provisão de 25 de outubro de 1813, outorgavam-se ao Capitão João Marcos Vieira e a seu sócio, em resposta à petição endereçada a D. João, todas "as graças, isenções e privilégios" permitidos a estabelecimentos congêneres do Brasil[15]. Dessa forma, as determinações inclusas no alvará de 6 de outubro de 1810 estendiam-se à indústria paulista, isto é, isentavam as produções têxteis brasileiras de direitos de entrada e saída nas alfândegas. Como favor especial, consentia-se que os proprietários levantassem no "pórtico da mesma Fábrica" as reais armas[16].

Com efeito, nenhum privilégio especial beneficiou aquela tecelagem, além daqueles que atingiram outros estabelecimentos da mesma natureza instituídos no Brasil. O primeiro surto de industrialização dos algodões na cidade de São Paulo, que ocorreu após o alvará liberatório de 1.º de abril de 1808, não recebeu o integral apoio financeiro do Estado, mas em contrapartida foi amparado por complexa legislação protetora. Tão prudente orientação custava menos aos cofres públicos e onerava parcialmente o Tesouro. Transpirava, em documentos oficiais, que as fábricas não deviam ser mantidas pela Real Fazenda, "que sempre perde quando as tem por sua conta". Acrescentando que "é impossível erigirem-se Fábricas sem que a Real Fazenda faça as primeiras tentativas e despesas"[17]. Neste jogo de idas e vindas percebe-se que o governo, embora propenso a impulsionar aquela atividade, temia comprometer-se economicamente, apelando, pois, para a iniciativa particular.

14. Idem, p. 210.

15. AE. Livro 179, 423, cx. 65, p. 27. Provisão da Real Junta de Comércio para os proprietários usufruírem dos privilégios concedidos às Fábricas.

16. Idem, p. 210. Provisão da Real Junta de Comércio de 29.01.1814.

17. Ofício da Mesa de Inspeção a D. Fernando José de Portugal, ANRJ, Junta de Comércio, Papéis Diversos, Col. 180 apud NICIA VILELA LUZ, A Política de D. João VI e a Primeira Tentativa de Industrialização do Brasil, Revista do IEB, p. 39.

A transposição de experiências peninsulares para o Brasil foi prática freqüente e nem sempre bem-sucedida. Podemos afiançar que algumas indústrias incipientes no Brasil, como o caso da têxtil, tiveram como paradigma regulamentos de congêneres portuguesas. A Fábrica de Registo Velho, em Minas Gerais, criada em período pombalino, a considerar-se a afirmação de Luccock[18], pautou-se na Real Fábrica da Covilhã, revelando que a imitação institucional não constituiu uma novidade implantada durante o governo de D. João VI.

Existiam pontos comuns entre a Real Fábrica de Sedas de Lisboa, organização modelar e espécie de matriz industrial e a fábrica de tecidos paulista. O artigo VII dos estatutos da Real Fábrica de Sedas, especificando que os fabricantes não poderiam ser obrigados a servir o exército "nem por mar, nem por terra", foi aplicado, de igual modo, na tecelagem do Capitão Vieira. Tal prerrogativa reivindicada por Mestre Toxa, para um dos oficiais que trabalhava sob suas ordens, fundamentava-se no exemplo da Fábrica de Sedas de Lisboa[19], embora o referido artigo estivesse incluído em outros regulamentos pertinentes a diversas indústrias em Portugal.

A fábrica do Capitão Vieira, estabelecida à Rua do Piques, afigura-se-nos de acanhadas proporções, passando despercebida até mesmo dos viajantes estrangeiros que, interessados em peculiaridades das regiões visitadas, percorreram seguidamente São Paulo no alvorecer do século XIX.

É de se notar que a Rua do Piques estava situada em local privilegiado: ponto de convergência de tropeiros e bem próxima do Rio Anhangabaú. A vizinhança do rio deve ter condicionado em parte a escolha do lugar, por ser a água elemento indispensável na aplicação das várias técnicas usadas nas tecelagens.

O edifício para a instalação da empresa fabril era alugado[20]. Pela primeira vez na cidade de São Paulo a

18. Veja-se p. 30 deste trabalho.
19. AE. *Passaportes e Requerimentos (1809-1811)*, 320, cx. 78, pasta 2.
20. AE. *Circulares*, 231, cx. 5 pasta 4, maço 5. Carta do Brigadeiro Jordão.

produção de tecidos concentrou-se em *Fábrica*, agrupando em um mesmo local trabalhadores e máquinas. Esta concentração industrial parece ter-se verificado em função da complexidade do processo produtivo que exigia a adoção de uma multiplicidade de operações. Ademais fixava-se em *sítio urbano*, onde se aglomerava grande número de fiandeiras e tecelões. Estes elementos deram um caráter peculiar ao incipiente industrialismo paulista afastando-o, de certa forma, do sistema rural e doméstico de produção têxtil.

O Capitão João Marcos Vieira demorou-se aproximadamente dois anos na cidade, residindo até 1814 à Rua do Piques, nas imediações da fábrica, em companhia de cinco escravos[21]. A partir de outubro de 1814, não mais se encontrava na direção da empresa[22] e, em 1815, a casa onde morava permaneceu fechada[23]. Havia indício de que sua residência na cidade seria temporária, pois se instalara aí sem a família. Com efeito, pouco depois viajara para a Capitania do Rio Grande do Sul e, conforme Mestre Toxa, não dera mais notícias. Esta viagem afigurava-se de igual modo transitória, visto que prometera regressar após seis ou sete meses[24]. A experiência acumulada na atividade têxtil revelou-lhe possivelmente os estreitos horizontes do negócio em que se aplicava. O contato com tropeiros e comerciantes de animais que freqüentavam a Rua do Piques fornecer-lhe-ia novas perspectivas econômicas: o comércio de gado.

Com o afastamento de um dos proprietários, o cotonifício paulista não sucumbiu. Ficou sob a direção de procuradores, um deles, o Brigadeiro Manoel Roiz Jordão[25],

---

21. AE. *População da Capital*, 35, cx. 35, 1814.
22. AE. *Passaportes e Requerimentos (1809-1811)*, 320, cx. 78, pasta 2.
23. AE. *População da Capital*, 35, cx. 35.
24. AE, *Circulares*, 231, cx. 5, pasta 4, maço 5. Cf. NUTO SANTANA, *São Paulo Histórico*, v. 6, p. 116. "Dois anos depois, iriam mal os negócios. Caso é que a fábrica fechou e o seu proprietário, não sabemos por que, se ausentou por tempo indeterminado da capital. O historiador João B. de Campos Aguirra supõe que para fugir às dívidas."
25. O pai do brigadeiro havia obtido fortuna através da compra de ouro em Cuiabá e Goiás e por intermédio do comércio de tecidos. Cf. MANUEL E. DE AZEVEDO MARQUES, *Apontamentos, op. cit.*, t. 2, p. 103.

homem rico, de muito prestígio, e com supostos conhecimentos do ramo. O pai e também seu sobrinho o Capitão Antônio da Silva Prado, comerciante de tecidos em Caitité na Bahia, enriqueceram nesta lida, o que evidencia as vinculações de família com o setor têxtil. Os procuradores investidos de poderes responsabilizavam-se pelos negócios da fábrica, venda de mercadorias, aquisição de matéria-prima, pagamento dos trabalhadores e aluguéis[26]. Nos grandes centros fabris de Nova Inglaterra tal prática era comumente empregada quando o dono se ausentava.

João Marcos Vieira continuou a prover financeiramente a fábrica, mantendo uma conta-corrente com o procurador Manoel Roiz Jordão no valor de 1:791$289 réis. Ficavam às expensas do proprietário, além de outros encargos, o aluguel da casa onde funcionava a fábrica, o salário dos oficiais e o pagamento extra do mestre-tecelão[27].

Os preços dos tecidos de algodão exportados através do porto de Santos para diferentes regiões do litoral brasileiro sofreram, a partir de 1815, ligeira baixa, enquanto os do algodão em rama aumentavam[28]. Tais flutuações teriam sido suficientes para provocar perdas e influenciar a exportação e industrialização do gênero. Em 1819, as secas e geadas afetaram as colheitas em São Paulo, ocasionando falta de víveres e preços altos[29].

Na mesma época, por coincidência, as indústrias norte-americanas, embora revividas pela política protecionista iniciada em 1806, começaram a entrar em colapso. Thomas Cochran[30] considerou como fator principal o impacto da concorrência inglesa, fortalecida pelo término da guerra anglo-americana de 1812, quando a Inglaterra não mais precisou consumir energia em conflitos militares e navais.

26. AE. *Circulares*, 231, cx. 5, pasta 4, maço 5. Carta de Manoel Jordão, 3.06.1820.
27. *Idem*.
28. Cf. AE. Mapas de Importação e Exportação do porto de Santos (1815 a 1821).
29. *Actas da Camara Municipal de São Paulo (1815-1822)*, S. Paulo, Typ. Piratininga, 1922, p. 288.
30. *The Age of Enterprise, A Social History of Industrial America*, New York, the Macmillan Company, 1942, p. 11 e seg.

O comércio entre o Brasil e a Inglaterra, garantido pelos tratados de 1810, estava firmemente sustentado. Em 1820, o Brasil comprou dos exportadores britânicos mais da metade do que compraram a Ásia ou as Índias Ocidentais Britânicas, e quase dois terços do que compraram os Estados Unidos, enquanto absorveu três quartos do montante geral embarcado oficialmente para as colônias portuguesas e espanholas da América[31].

O declínio dos preços dos tecidos de algodão, o mal-sucedido exemplo americano, a ação dos ingleses no Brasil constituíam razões sobremaneira convincentes para vender a fábrica. Em abril de 1820, o filho do Capitão João Marcos Vieira comunicava ao procurador Manoel Roiz Jordão, em carta, sua intenção de negociar o estabelecimento. Os fatores responsáveis pelo fracasso da aludida empresa poderiam ser perfeitamente avaliados desde que fosse encontrado o documento dirigido ao ouvidor da Comarca de S. Paulo, no qual Thomaz R. Toxa[32] relata os motivos que impediram sua prosperidade. O mestre-tecelão, em outro documento, atribuía parte desta responsabilidade ao comportamento alheado do proprietário que dispensara pouca atenção à produção de tecidos e não tomara providências "que fizessem adiantar a este estabelecimento"[33].

Diante disso, D. João VI incumbiu João Carlos Oeynhausen, capitão-general de São Paulo, através do Aviso Régio de 31 de julho de 1820, de cuidar em especial daquela fábrica, impedindo o seu fechamento e zelando para que "suas máquinas não se arruinassem e estragassem"[34].

A tecelagem passou a ser amparada pelo poder público a partir de agosto de 1820, quando os problemas econômicos que afligiam aquela modesta unidade industrial e pertencente até então a particulares se transferi-

31. ALAN K. MANCHESTER, *Preeminência Inglesa no Brasil*. Trad. Janaína Amado, 1.ª ed., S. Paulo, Editora Brasiliense, p. 94 e ss.
32. DI. (1815-1822), S. Paulo, Typ. do Diário Official, 1902, v. 36, p. 115.
33. AE. *Circulares*, 231 cx. 5, maço 5, pasta 4.
34. AE. *Avisos e Cartas Régias*, 424, cx. 66, livro 182 (1815-1822). Aviso de 31.07.1820.

ram integralmente para a alçada governamental. Com o aumento de seus encargos, o governo provincial buscou alterar o circuito delegando à iniciativa privada o controle da enjeitada fábrica. Naquela data, João Carlos Oeynhausen designava o mestre-tecelão Toxa como tutor das máquinas[35]. Manoel Roiz Jordão, como procurador, continuava a tratar da venda dos móveis, dos produtos e ainda do aparelhamento têxtil.

O clima econômico dificultava as operações mercantis de compra e venda e afugentava possíveis investidores. A fabricação de tecidos não chegava a ser ainda uma empresa lucrativa e dificilmente iria atrair novos empresários. Todavia, passados sete meses surgiu um interessado: tratava-se do abastado paulista Francisco Ignácio de Souza Queiroz que adquirira os tecidos, o fio e o algodão em rama de fábrica e se propunha, "possuído dos sentimentos de bom Patriota", a comprar as máquinas têxteis[36]. Francisco Ignácio de Souza Queiroz e Arouche de Toledo Rendon tornaram-se sócios da fábrica em 1821. É possível que a participação do Coronel Francisco Ignácio no movimento ocorrido em São Paulo, e conhecido como "Bernarda", tenha desarticulado o negócio iniciado. Em setembro de 1822, pouco antes da independência, foi chamado ao Rio de Janeiro[37]. Sua implicação na aludida agitação política afastou-o prematuramente da direção da tecelagem. Em contrapartida, inaugurou-se uma fase de preocupações novas para o Marechal-de-Campo Arouche Rendon, após sua eleição como deputado à Assembléia Constituinte de 1823. A ausência de Francisco Ignácio e as freqüentes viagens de Arouche Rendon transformaram Mestre Toxa em administrador, porém sem condições de resolver as questões financeiras da empresa[38]. Acreditamos que por este motivo esteve parali-

35. *Ibidem*.

36. AE. *Circulares*, 231, cx. 5, maço 5, pasta 4. Carta de Manoel Roiz Jordão.

37. AE. *Avisos e Cartas Régias*, 424, cx. 66, livro 182 (1815-1822).

38. AE. *Portarias e Bandos do Governo Provisório (1811-1822)*, livro 132, pp. 131 e 144. Em junho estava em Taubaté e no mês seguinte partia para o Rio de Janeiro (Portaria de 26 de julho de 1822); AHM, *Papéis Avulsos de 1822*, v. 1, as cartas de Thomaz Roiz de 22.09.1822 e 1.10.1822 demonstram que

sada em 1823, o que discordava da orientação ditada pela Junta de Comércio e posta em execução pelo governo provincial.

Lucas Antônio Monteiro de Barros, Presidente da Província de São Paulo, seguindo à risca o plano do governo central de amparar o setor têxtil, organizou em setembro de 1824 uma nova sociedade para dirigir a fábrica do ausente João Marcos Vieira[39]. Seus membros eram figuras preeminentes de São Paulo e ofereciam excelentes condições de impulsionar a tão difícil industrialização dos algodões na cidade.

O Presidente da Província determinou, a 8 de janeiro de 1825, que o Juiz de Fora, como Provedor dos Ausentes, mandasse fazer uma descrição judicial dos teares e utensílios da fábrica. O Marechal Arouche Rendon, em nome da sociedade, ficou com todos os pertences, deixando-se ao proprietário e herdeiros "apenas o direito de receberem os ditos teares e utensílios, ou o seu valor pelo inventário e avaliação"[40]. O inventário efetuado em 1825 indica que a venda não se concretizou e que o material atinente à tecelagem ficou abandonado nas primitivas instalações e "nas casas de morada" de Mestre Toxa até essa data.

A unidade industrial montada em grande parte com os instrumentos e máquinas que pertenciam a João Marcos Vieira recomeçou a funcionar em 1825, à Rua do Piques, permanecendo dessa feita pouco tempo na ativa. Seus trabalhos novamente interrompidos, reiniciaram em maio de 1827, em moldes mais modernos, com nova maquinaria e instalações mais amplas[41].

Sérgio Buarque de Holanda, escrevendo sobre "A mais antiga fábrica de tecidos de S. Paulo"[42] indagou se

Francisco Ignácio se encontrava ausente de São Paulo em setembro e outubro de 1822 e dava conta da precária situação financeira da empresa.

39. AE. *Juízo de Órfãos da Capital*, 1825, cx. 69, pasta 3, d. 6. O documento foi copiado pelo historiador Aguirra e pode ser encontrado também no acervo do Museu Paulista. Arquivo das Pastas Suspensas, Gav. I.
40. *Ibidem*.
41. AE. *Ofícios Diversos da Capital (1826-1827)*, 865, cx. 70.
42. *Digesto Econômico*, S. Paulo (41):110, abril de 1948.

a de propriedade do Capitão João Marcos Vieira não seria a mesma que, em 1821, "conta entre seus sócios Thomé Manoel de Jesus Varella". Conforme os dados que conseguimos apurar, eram duas tecelagens distintas — a do Capitão Vieira e a do Alferes Varella: uma funcionava na Rua do Piques, enquanto a outra no Palácio do Governo. Ademais os relatórios trocados entre seus administradores e o Presidente da Província[43] corroboram nossa afirmativa.

Varella era membro da Sociedade de Fiação da cidade de São Paulo[44] e proprietário de uma pequena fábrica de tecidos em 1822[45]. Seus teares ocupavam uma casa alugada que esteve fechada, enquanto fora ao Rio de Janeiro em 1823[46] com o intuito de arrematar os bens da Fiação Real da Lagoa Rodrigo de Freitas. Trouxe dessa forma, para São Paulo, máquinas de fiação, dois escravos e ainda o lisboeta João Moreira, antigo mestre da extinta Filatória da Lagoa[47].

A fábrica do Alferes Varella só entrou em efetiva atividade em janeiro de 1824, embora seu total aparelhamento tivesse sido realizado no ano anterior[48]. Houve atraso no início dos trabalhos porque a pequena casa alugada por Varella onde conservava a princípio os teares, era imprópria para a fixação definitiva da empresa, ora enriquecida com novas máquinas. Em 1824, Lucas Antônio Monteiro de Barros, sabendo o quanto convinha "animar e promover o aumento de um estabelecimento tão útil como necessário", cedeu provisoriamente alguns cômodos de sua residência para a instalação da fábrica. Em fevereiro de 1826, ocupava algumas das maiores depen-

43. Cf. *Ofícios Diversos da Capital*, 866, cx. 71, pasta 1; *Ofícios Diversos da Capital*, 865, cx. 70. Documentos de Arouche Rendon e Varella relatando ao governo detalhes do funcionamento de suas fábricas.

44. Não é improvável supor a existência de uma única sociedade de fiação na cidade no seio da qual ocorreram dissensões.

45. DI, v. 60, p. 262.

46. AE. *Requerimentos (1822-1823)*, 1.341, cx. 1. Requerimento de 5.06.1823 de Joaquina Angélica de Vascos, proprietária do imóvel.

47. DI, v. 60, p. 262.

48. AE. *Ofícios Diversos da Capital (1826-1827)*, 865, cx. 70.

dências do andar inferior do Palácio do Governo, onde outrora funcionara o Colégio dos Jesuítas. Sendo solução temporária, o governo permaneceu na expectativa de que os sócios obtivessem uma casa adequada[49]. Todavia a fiação e tecelagem instaladas em um salão, dois corredores e uma despensa que davam para a Várzea do Carmo, subsistiram, no local provisório, seguramente até fevereiro de 1830[50].

O crescimento numérico do setor têxtil não correspondeu à sua ascensão econômica. Antes do término de 1826 existiam três tecelagens dentro do perímetro urbano da capital paulista: uma na Rua do Piques, uma no Palácio do Governo e ainda a recém-criada fábrica da Glória, de propriedade de Mestre Toxa e que contava com um ou dois teares e outros instrumentos cedidos gratuitamente pelo Alferes Varella[51].

A partir de 1825, iniciara-se na Inglaterra uma forte crise seguida de depressão que se prolongou por sete anos. Heitor Ferreira Lima[52] mostrou seus reflexos sobre a economia brasileira causando baixa de preços do açúcar, algodão, couro, peles, de igual modo, queda das exportações e retração dos créditos. Esta crise poderia ter incentivado a industrialização do algodão no Brasil, uma vez que a concorrência se debilitara devido aos preços altos dos tecidos importados, abrindo assim uma brecha na sólida fortaleza econômica da Inglaterra.

O governo procurara impedir com todos os recursos disponíveis, em particular a partir de 1820, a paralisação do setor fabril, recorrendo à criação de sociedade por ações, venda a crédito de máquinas, pagamento de técnico em tecidos, legislação protecionista para impedir a saída de matéria-prima, responsabilizando-se ainda pelo em-

49. AE. *Livro 723 da Junta de Comércio (1822-1834)*, p. 8. Informações de Lucas Antônio Monteiro de Barros à Junta de Comércio, 21.07.1824.

50. AURELIANO LEITE, Avaliações dos Próprios Nacionais da Província de São Paulo em fevereiro de 1830, *Revista do Ateneu Paulista de História,* S. Paulo (1):107, set. de 1964.

51. AE. *Ofícios Diversos da Capital (1826-1827)*, 865, cx. 70. Alferes Varella em 20.06.1827.

52. *História Político-Econômica e Industrial do Brasil*, S. Paulo, Ed. Nacional, 1970, p. 204.

préstimo do local para a edificação das fábricas. Tais medidas em conjunto atestam, sem dúvida, a política protecionista assumida pelo Estado em prol da industrialização do algodão.

Apesar de tudo, os resultados mostraram-se completamente insatisfatórios. Os relatos oficiais que descrevem a situação econômica da Província de São Paulo, no crepúsculo da década de 20, deixam transparecer, com freqüência, a frustração e a melancólica sensação de impotência dos dirigentes, incapazes de controlar os destinos de uma indústria em crise.

Na abertura do Conselho Geral a 1.º de dezembro de 1829, José Carlos Pereira de Almeida Torres, Presidente da Província, manifestou-se sobre o estado das "manufaturas e artes", aludindo ao atraso em que se encontravam, obrigando a continuar "na dependência estrangeira",

quando aqui não faltam, e antes há matérias-primas em abundância e muita habilidade: porém, desgraçadamente, os amigos da prosperidade nacional viram com prazer o estabelecimento de duas fábricas de tecidos de algodão, para uma das quais o Estado prestou máquinas de fiar e outras, por módico preço, e o longo prazo para pagamento, tiveram logo de lastimar-se porque ambas foram afogadas em sua nascença [53].

Rafael Tobias de Aguiar, em relatório de dezembro de 1831, assinalava:

Nossa indústria fabril na parte que não está ligada com a indústria agrícola acha-se apenas nascente, pois os particulares só têm encetado algumas pequenas empresas, e a única tentada pelo governo em uma associação particular, quero dizer a Fábrica de Ipanema, acha-se na maior decadência e suas máquinas quase inteiramente arruinadas [54].

Com efeito a crise econômica que atingiu a fabricação de algodão em São Paulo fez, também, outras vítimas, espalhando a miséria e a ruína. O comerciante espanhol Thomaz Molina, residente na cidade de São Paulo, preconizava em 1831 a urgência de um Banco Agrícola

---

53. MANOEL DA CUNHA AZEREDO COUTINHO DE SOUZA CHICHORRO, Memória sobre a Capitania de São Paulo, *Revista do IHGEB*, 1814. Rio de Janeiro, 2.º trimestre de 1873, Documentos oficiais anexos à Memória, p. 256.

54. AE. *Ofícios Diversos da Capital (1830-1831)*, 867, cx. 72. Relatório do Pres. da Província de São Paulo, 1.12.1831. Este foi publicado no *Jornal do Comércio* em 5.05.1831 e transcrito pelo Dr. Paulo Prado em caderneta de n.º 122 pertencente ao acervo da Biblioteca Municipal de São Paulo (Seção de obras raras):

como solução para evitar o colapso da agricultura e do comércio[55].

Nesse mesmo ano Aureliano Coutinho, Presidente da Província de São Paulo, pouco antes de deixar o cargo, oficiava a paralisação total das atividades têxteis das fábricas da cidade[56]. Mestre Toxa atribuiu aquela apatia industrial principalmente à transitoriedade dos governos provinciais que se sucediam "como as estações do ano", não tendo tempo de conhecer e ativar os planos de seus antecessores, alegando ainda diminuta disponibilidade de fundos. O Alferes Varella apontava, porém, outras razões, ao referir-se ao excesso de produção e falta de algodões que "esta Província sofre há dois anos, e a suma carestia dos de fora dela"[57].

Afigura-se-nos que as décadas correspondentes aos anos de 1830 a 50 foram marcadas por retração completa tanto da produção quanto do comércio de tecidos de algodão. O reaparecimento da atividade em bases mais sólidas ocorreu no Brasil a partir de 1850[58].

55. AE. *Ofícios Diversos da Capital (1830-1831)*, 867, cx. 72. Projeto de Molina de 2.09.1831. Segundo ele o Banco Agrícola "sela podra sacar dela miseria e pobreza total de que se ve amenazada".

56. AE. *Livro 723 da Junta de Comércio*, p. 54, Ofício n.º 1, de 1.04.1831.

57. AE. *Ofícios Diversos da Capital*, 868, cx. 73 pasta 1, d. 17 e 27. Dirigido ao Presidente da Província de São Paulo, Rafael Tobias de Aguiar, em 11.02.1832 e 1.03.1832.

58. Com efeito, a partir de 1850, pudemos constatar o aparecimento de diversas fábricas de tecidos de lã, seda e algodão. Cf. *Almanaque Administrativo Mercantil e Industrial da Província de São Paulo* para o ano de 1857, p. 148, apud ERNANI SILVA BRUNO, op. cit., p. 715. Registrou a fábrica de Antônio Ribeiro de Miranda; AZEVEDO MARQUES, em artigo intitulado "O Progresso de São Paulo" e publicado na *Província de S. Paulo* em 31.03.1875, assinalou a existência em 1875 de sete fábricas de tecidos de algodão na Província de São Paulo; AFONSO DE FREITAS, *Dicionário Histórico, Topographico e Etnographico, ilustrado do Município de São Paulo*, S. Paulo, Graphica Paulista, 1930, t. 1, p. 174. Em 1884, Luís Anhaia, um dos fundadores da fábrica São Luís de Itu, juntamente com o Barão de Tatuí, Dr. Rafael de Barros, e Francisco Fonseca Pacheco, fundou um grande estabelecimento industrial de tecidos de algodão no Bom Retiro, em frente à Rua Anhaia, que dele tirou o nome; *Relatório Apresentado ao Exmo. Sr. Pres. da Província de São Paulo pela Comissão Central de Estatística*, S. Paulo, Typ. King,

2. A Agricultura Comercial do Algodão

2.1. Áreas brasileiras produtoras de algodão

Na segunda metade do século XVIII observou-se no Brasil o revigorar da cultura algodoeira que tomou impulso dinâmico acionado por conjuntura internacional favorável. A Revolução Industrial e a paralisação de um florescente tráfico entre o primeiro Estado moderno americano e a Grã-Bretanha acarretaram elevação de preços e aumento da demanda do algodão, o que estimulou sua plantação em diversas regiões do Brasil.

Condições geográficas propícias para a cotonicultura, a relativa simplicidade de sua produção, somadas àquelas circunstâncias suscitaram o desenvolvimento agrícola de determinadas regiões brasileiras. A cultura do algodão alastrou-se pelo Nordeste, especialmente pelo Maranhão, Ceará, Pernambuco, Paraíba e também pelo Leste e Sul do Brasil.

Cultivado em propriedades jesuíticas localizadas no Estado do Grão-Pará e Maranhão, era em grande parte ali mesmo transformado em fio e tecido. A partir de 1760 passou a ser exportado e assim Lisboa começou a absorver quantidades crescentes do gênero maranhense, que serviu para acionar as indústrias de tecidos de Portugal[59]. No Maranhão, as culturas se internaram subindo as margens do Itapicuru e se concentraram sobretudo em Caxias. No Ceará o algodão fixara-se na bacia do Jaguaribe e em Icó, no alto sertão. O porto de Acarati tornou-se um importante centro exportador. Em Pernambuco e Paraíba as plantações deslocaram-se gradualmente do litoral para

---

1888, p. 262 e ss. No final do século, a Província contava com 12 fábricas, a saber: 2 na capital (as mais importantes) — a primeira com o capital de 550:000$000 réis com 200 teares fabricando anualmente 2 500 000 metros de pano de diferentes qualidades e a fábrica de chitas com o capital de 425:000$000 réis, fabricando anualmente 320 000 000 metros de chita e empregando regularmente 70 operários.

59. MANUEL NUNES DIAS, Fomento Ultramarino e Mercantilismo: A Cia. Geral do Grão-Pará e Maranhão (1775-1778) (II) e (VI), *Revista de História*, S. Paulo, 1968.

o interior à medida que os lavradores adquiriam maior experiência[60].

Nos altos sertões limítrofes da Bahia e Minas Gerais formara-se uma região algodoeira de certa importância. Na Bahia abrangia a área que se estende a leste do Rio São Francisco, com centro principal em Caitité[61]. Minas Novas do Fanado destacava-se, em Minas Gerais, como produtora de excelente algodão, tão bom quanto o de Alagoas e Maranhão[62]. A ótima qualidade da fibra tornou-o requisitado pelas manufaturas de tecidos que ressurgiram após a revogação do alvará de 1785, e disputado nos portos do Rio de Janeiro e Bahia para onde era escoado[63]. A cotonicultura foi aí favorecida pela conjugação de uma multiplicidade de fatores: o clima adequado, a produção relativamente simples e econômica, a conjuntura internacional, a decadência da aventurosa busca do ouro e a absorção dos gêneros nos centros produtores de tecidos do Brasil, revividos pela política econômica do Príncipe Regente D. João. Esta experiência fecunda atraiu a atenção do Barão de Eschwege que procurou povoar os sertões do Abaeté em 1820 "pelo grande interesse que resultam da cultura do Algodão, que naqueles distritos se produz de qualidade superior ao de Minas Novas"[64].

Os algodoais expandiram-se pelo interior de Goiás, parte setentrional do Rio Grande do Sul e, no Paraná, atingiram Paranaguá.

60. CAIO PRADO JR., *Formação do Brasil Contemporâneo*, 5.ª ed., S. Paulo, Ed. Brasiliense, 1957, pp. 145 e 146; MARIA GRAHAM, *Diário de uma Viagem ao Brasil*, S. Paulo, Ed. Nacional, 1956 (col. Brasiliana), p. 170. O porto de Cachoeira reunia a produção de um distrito considerável, especialmente fumo e algodão.
61. CAIO PRADO JR., *op. cit.*, p. 145.
62. FERNANDO DENIS, *O Brasil*, Salvador, Livraria Progresso Ed., 1955, v. 2, p. 314; SAINT-HILAIRE, *Viagem à Província de São Paulo*, S. Paulo, Livraria Martins e Ed. da U.S.P., 1972, p. 301.
63. JOSÉ FERREIRA CARRATO, *Igrejas, Iluminismo e Escolas Mineiras Coloniais*, S. Paulo, Ed. Nacional, 1968, p. 265.
64. RAPM-II, p. 749, *apud* JOSÉ FERREIRA CARRATO, *op. cit.*, p. 265.

2.2. A cultura do algodão em São Paulo

No decorrer do século XVII intensificaram-se em São Paulo as plantações de algodão. Em 1606 os camaristas escreviam ao donatário que em sua capitania "há muito algodão". As plantações espalhavam-se pelos arredores da Vila de São Paulo apesar do clima inconstante e úmido, e acompanhavam as margens do Tietê, e seus tributários como Pinheiros, Cotia e Jaguari. Localizavam-se ainda em Parnaíba, Ururaí e Mogi das Cruzes[65].

Os relatórios e cartas dos administradores da Capitania de São Paulo nas últimas décadas do século XVIII e início do XIX denotavam o interesse do governo em desenvolver aquela atividade agrícola[66].

D'Alincourt, em sua longa viagem de Santos a Cuiabá realizada em 1818, visitou algumas localidades do interior de São Paulo onde se cultivava, fiava e tecia algodão. Em Cristais observou que quase todas as casas possuíam um pequeno tear. Passando por Capivari descreveu o interessante mutirão em que homens e mulheres trabalhavam juntos na preparação do fio. Em Mojimirim, "o algodão fez em outro tempo o principal comércio deste povo; porém de há alguns anos a esta parte tem diminuído muito, por causa das repetidas geadas". Verificou que os habitantes de Casa Branca plantavam algodão, cana-de-açúcar e outros gêneros e a mais importante atividade ligava-se a negócios de gado. Em Franca consignou a presença de variadas manufaturas têxteis. Sua ex-

---

65. SÉRGIO BUARQUE DE HOLANDA, O algodão em São Paulo nos Séculos XVI e XVII, *Digesto Econômico*, S. Paulo (35):85-86, out. 1947.

66. MARIA THEREZA S. PETRONE, *A Lavoura Canavieira em São Paulo (1765-1851)*, S. Paulo, DIFEL, 1968, p. 13, 14 e 15. O Morgado de Mateus em sua correspondência mostrava-se preocupado em incrementar a atividade agrícola e notadamente a produção algodoeira em São Paulo; DI. S. Paulo, Typ. Aurora, 1895, v. 15, p. 151, em *Memória Econômica e Política da Capitania de São Paulo* há indicações sobre a situação do algodão e do anil; DI. S. Paulo, Typ. Cardozo Filho, v. 44, p. 131. Melo e Castro demonstrava que, em virtude de sua leveza, o algodão e o café eram as mercadorias mais apropriadas para serem transportadas no alto das embarcações.

portação resumia-se no gado e algodão, que levam a Minas[67].

Na década de 1820 diversas vilas da Província de São Paulo, tais como Jacareí, São José, Pindamonhangaba, Lorena, Cunha, Guaratinguetá, São Luís e Moji comerciavam o algodão[68]. Sorocaba, Itu e Araçariguama figuravam como áreas de cultivo do algodoeiro. O produto sorocabano, considerado de má qualidade por Saint-Hilaire, servia para confeccionar tecidos grosseiros, que eram vendidos em Curitiba e Rio Grande do Sul[69].

Nos arredores da cidade de São Paulo, lavradores cultivavam o algodão ao lado de outros produtos agrícolas como o arroz, a cana-de-açúcar, o amendoim, o milho e o feijão. Por meio da Tabela 1[70] pode-se avaliar o volume do algodão colhido nas vizinhanças da Capital entre 1814 e 1829. As quantias foram expressas em arrobas.

Tabela 1. Produção de algodão nos arredores da Capital

ÁREAS	ANOS						
	1814	1816	1817	1818	1822	1825	1829
Santana	213	76	—	171	—	—	54
Freguesia do Ó	625	—	448	225	387	455	—
Penha	—	130	152	242	92	—	—
Pinheiros	—	—	—	—	10	—	—
Pirajuçara	—	—	—	—	15	—	—
TOTAIS	838	206	600	638	504	455	54

67. LUIZ D'ALINCOURT, *Memória sobre a Viagem do Porto de Santos a Cuiabá*, S. Paulo, Livraria Martins (Biblioteca Histórica Paulista), 1953, pp. 46, 49, 59, 65 e 71.

68. AIRES DE CASAL, *Corografia Brasílica*, Rio de Janeiro, Imprensa Régia, 1817, t. 1, p. 239.

69. DI, v. 44, p. 348. Bens pertencentes ao Colégio São Paulo. Araçariguama produzia, além de algodão, feijão, trigo, amendoim e mandioca; SAINT-HILAIRE, *Viagem à Província de São Paulo*, p. 218. Refere que Itu produzia pequena quantidade de algodão; DI (1797-1801), S. Paulo, 1953, v. 87, p. 147. Em 1785 foram enviadas ao capitão-mor da Vila de Itu sementes de linho cânhamo para serem repartidas entre os lavradores "mais curiosos".

70. Os dados foram extraídos de Maços de População da Capital existentes no Arquivo do Estado de São Paulo.

Os dados apurados, embora cronologicamente descontínuos, revelam que as colheitas eram minguadas. Em 1814, a Capitania de São Paulo produziu cerca de 54 222 arrobas de algodão em caroços[71] ao passo que Santana e Freguesia do Ó atingiram apenas 838 arrobas de algodão.

A Tabela 2 revela o número de agricultores distribuídos de acordo com o volume de sua colheita anual de algodão.

Tabela 2. Freguesia do Ó

QUANTIDADES EM ARROBAS	NÚMERO DE AGRICULTORES			
	1814	*1817*	*1818*	*1822*
1 -10	33	44	16	22
11-20	11	7	2	5
21-30	6	2	2	3
31-40	—	1	1	3
41-50	2	—	1	2
51-60	—	—	1	—
61-70	1	—	—	—
71-80	—	—	—	—
81-90	—	1	—	—
TOTAIS	53	55	23	35

Diversos agricultores dedicavam-se à cultura do algodoeiro, mas poucos ultrapassavam faixa superior a 20 arrobas anuais. A produção, por lavrador, de Freguesia do Ó oscilava entre 1 e 90 arrobas por ano, porém apenas três agricultores entre 1814 e 1823 obtiveram colheita acima de 50 arrobas. Um deles, Pedro Dias, produziu, em 1814, 62 arrobas. Bernardo Leite Penteado foi o recordista conseguindo atingir em 1817 90 arrobas[72]. Em 1814 os lavradores de Freguesia do Ó representavam 40% do total de fogos, dos quais 62% produzia abaixo de 10 arrobas de algodão por ano. Em 1817 a população de lavradores mantinha-se estacionária enquanto aumentava

71. SPIX e MARTIUS, *Viagem pelo Brasil*, trad. Lúcia Furquim Lahmeyer, Rio de Janeiro, Imprensa Nacional, 1938, v. 1, p. 222.

72. AE. *População da Capital*, 35, cx. 35, 1814.

para 80% a porcentagem daqueles que se encontravam na faixa inferior de produção. No ano seguinte o número de agricultores diminuiu não obstante o total de fogos ter permanecido mais ou menos estável, o que nos leva a pensar numa possível mudança de profissão.

A Tabela 3 indica a distribuição dos agricultores da Penha por quantidade de arrobas de algodão produzidas anualmente.

Tabela 3. Penha

QUANTIDADES EM ARROBAS	NÚMERO DE AGRICULTORES			
	1816	1817	1818	1822
1 -10	24	14	23	6
11-20	1	2	4	3
21-30	—	—	—	—
31-40	—	1	—	—
41-50	—	—	—	—
51-60	—	—	1	—
61-70	—	—	—	—
TOTAIS	25	17	28	9

A maioria dos lavradores da Penha produzia em média 10 arrobas por ano, porém em 1822 decaíra, sensivelmente, tanto o número de agricultores como o total produzido. Isto ocorreu de modo geral nas áreas dos arredores de São Paulo com exceção de Freguesia do Ó que apresentou índices superiores ao ano de 1818.

A Tabela 4 relativa a Santana, de igual modo mostra a distribuição dos cultivadores de algodão por volume de produção anual.

Tabela 4. Santana

QUANTIDADES EM ARROBAS	NÚMERO DE AGRICULTORES				
	1814	1816	1818	1823	1829
1 -10	12	13	16	19	19
11-20	4	—	3	1	1
21-30	1	—	—	—	—
31-40	—	—	—	—	—
41-50	1	—	—	—	—
51-60	—	—	1	—	—
TOTAIS	18	13	20	20	20

Em Santana, apenas dois agricultores, entre 1814-23, produziram acima de 50 arrobas: Manoel F. de Araújo, natural de Pitangui, colheu, em 1814, 50 arrobas, enquanto que em 1818 João Bueno da Silva, natural de São Paulo, atingiu 57 arrobas[73]. Comparando os totais das Tabelas 2, 3 e 4 situamos Freguesia do Ó como a área mais expressiva na cultura do algodão dos arredores da cidade de São Paulo, por congregar em relação às demais maior número de lavradores e superior produção. Na Penha, ao contrário predominavam as fiandeiras e tecelões.

A colheita em Freguesia do Ó, Santana e Penha, como vimos, mostrava-se bastante reduzida e devia ser utilizada em sua totalidade para abastecer as manufaturas domésticas e as incipientes fábricas de tecidos.

A matéria-prima empregada no estabelecimento industrial do Alferes Varella provinha, em 1827, do "distrito desta cidade e vilas da Província"[74]. Somente em casos especiais recorria-se ao algodão de outras regiões brasileiras, uma vez que os preços se viam acrescidos por diversas despesas relativas ao transporte da mercadoria[75].

As oscilações dos preços do algodão em rama, refletindo mudanças na situação do mercado, interferiram decisivamente no plantio do gênero. A alta provocou ligeiro acréscimo nas quantidades colhidas, considerando que os resultados da elevação de preços só poderiam ser notados em período posterior. Vide a Tabela 1 e confronte com a Tabela 5 onde constam os preços do algodão em rama e fio, por arroba[76].

73. AE. *População da Capital*, 36, cx. 36, 1818.
74. AE. *Ofícios Diversos da Capital (1826-1827)*, 865, cx. 70, pasta 1. Informação do Alferes Varella.
75. IHGSP, *Diário Geral de Antônio da Silva Prado (1825-1830)*, v. 7, p. 142. Em 1823 o Alferes Varella importou de Minas Novas 59 arrobas de algodão. A transação efetuou-se graças à intervenção do Capitão Antônio da Silva Prado, que mandara vir a encomenda do Rio de Janeiro por intermédio de seu agente Ten.-Cel. Manoel M. Lírio.
76. Cf. Mapas de Importação e Exportação do Porto de Santos. A informação relativa a 1825 foi extraída de *População da Capital*, 36, cx. 36.

Tabela 5. Preços do algodão em rama e fio

ANOS	VALORES EM RÉIS	
	EM RAMA	EM FIO
1814	1$600	—
1815	3$000	—
1816	8$000	8$000
1818	6$400	9$600
1819	6$400	—
1821	3$200	8$000
1825	1$120	8$000

A interdependência entre a flutuação de preços e a menor disponibilidade de matéria-prima afetou a nascente indústria têxtil paulista. Houve épocas em que a venda do algodão em rama era muito mais lucrativa do que uma transação realizada após a operosa e difícil transformação em fio e tecidos. O incentivo à exportação do gênero bruto prejudicava o funcionamento das tecelagens, acarretando escassez de matéria-prima e queda nos valores do produto acabado. A cultura do algodão sofreu um processo de debilitamento na Província de São Paulo no crepúsculo da década de 1820, cujo sintoma foi a limitada produção apurada em Santana no ano de 1829, fato que coincidiu com a declaração do empresário Thomé Manoel de Jesus Varella que alegava "a grande falta de algodões que esta Província sofre há dois anos e a suma carestia dos de fora dela"[77].

Períodos favoráveis à industrialização parecem ter ocorrido quando a elevação dos preços do fio e do tecido justificaram, de certo modo, o investimento de capital e o emprego de força de trabalho no setor têxtil do algodão.

3. *As Figuras Empresariais*

No alvorecer do século XIX, a proliferação de sociedades por ações tornou-se comum na Inglaterra, nos Estados Unidos e até mesmo no Brasil. Embora fosse um expediente que vinha de recuado tempo, já utilizado com

77. AE. *Ofícios Diversos da Capital de 1832*, 868, cx. 73, pasta 1, d. 27.

sucesso em empresas comerciais, seu caráter novo decorria do emprego como instituição econômica de fomento industrial. Representava, de maneira geral, o produto da associação de dois ou mais homens que uniam seus capitais e esforços, buscando desse modo superar as barreiras econômicas impostas aos seus desígnios. Para montar e ampliar as fábricas, o industrial necessitava não só de capitais a longo prazo mas daqueles de disponibilidade imediata para aquisição de matéria-prima, custeio do produto e pagamento dos assalariados.

Na Inglaterra, nos primórdios de sua revolução industrial, a organização típica não era a grande fábrica, sim a empresa relativamente pequena com vários proprietários de cotas iguais. A produção fabril teve início nos Estados Unidos com a Companhia Manufaturadora de Boston, estabelecida durante os anos da guerra de independência americana por Lowell e seus associados em Waltham[78]. No Brasil, em particular no Rio de Janeiro, Bahia, Minas Gerais e São Paulo, as primeiras fábricas instaladas após o alvará de 1.º de abril de 1808 apoiavam-se, em geral, nos investimentos de capitalistas que reunidos envolviam até mesmo seus familiares no negócio. A adoção desse recurso não constituiu uma receita de exceção para a indústria, visto que a partir de 1817 surgiram no Brasil sociedades por ações na siderurgia e para a exploração das jazidas auríferas de Minas Gerais[79].

Como eram poucos os particulares que dispunham de economias consideráveis, as sociedades por ações foram instrumentos importantes para facilitar a concentração de capitais. Em São Paulo, a primeira sociedade por ações destinada à fabricação de tecidos formara-se em 1813, ligando economicamente o Capitão João Marcos Vieira a seu filho João Marcos Vieira de Souza Pereira, da Corte do Rio de Janeiro[80]. Esta indústria manteve-se em grande

78. HAROLD U. FAULKNER, *American Economic History*, New York, Harpers & Brothers Publishers, 1954, p. 250.

79. MYRIAM ELLIS, "A Mineração no Brasil no Século XIX". In: *História Geral da Civilização Brasileira*, S. Paulo, DIFEL, 1971, t. 2, v. 4, p. 12.

80. AE. *Circulares e outros atos do Cap. General e Gov. Provisório*, 231, cx. 5. Carta de Souza Pereira em 30.04.1820.

parte com capital particular, enquanto que determinadas atividades, como a siderurgia, contaram com a participação financeira mais decisiva do Estado, que se tornou inclusive seu principal acionista.

A assistência constante emprestada pela Junta de Comércio e pela legislação protecionista não atenuou a crise por que passava o incipiente núcleo têxtil em 1820. Os saldos devedores reclamados pelo Coronel Jordão e orçados, naquela ocasião, em 78$246 réis, são os testemunhos das dificuldades experimentadas. É bem possível que prejuízos iniciais gerados com o funcionamento da fábrica tenham acarretado a precoce partida, em 1814, do Capitão Vieira para o Rio Grande do Sul, em busca de atividade mais rendosa. Não obstante, o ausente proprietário continuou ainda a financiar as despesas do seu estabelecimento, como revelam a conta-corrente mantida com um de seus procuradores, o Coronel Manoel Roiz Jordão, e os capitais provenientes do comércio de mulas em Sorocaba. A importância de 661$815 réis, obtida nessa transação, da qual 400$000 em dinheiro, não bastou para liquidar a dívida[81].

A venda do estabelecimento anunciada pelo filho de João Marcos Vieira em abril de 1820 poderia ser livremente efetivada pelo melhor preço, isto é, a Junta de Comércio fixava um valor de compra que o proprietário tinha o direito de rejeitar. Entretanto, as perspectivas de vender a fábrica revelaram-se pouco auspiciosas após as sondagens dos possíveis compradores. Transcorreram três meses e o Coronel Manoel Roiz Jordão, já desanimado, informava que "nesta me não consta haja pessoa que queira ficar com a referida Fábrica[82]. Tal morosidade

---

81. AE. *Circulares...*, 231, cx. 5, pasta 4, maço 5. Carta do Cel. Jordão de 3.06.1820. Informava que o Cap. Vieira incumbira Antônio P. da Silva Fortes de vender mulas em Sorocaba. O Cel. Jordão enviara Mestre Toxa àquela cidade para receber a quantia de 400$000 réis. A 4.04.1820 o Cel. Jordão exigiu de Fortes a Carta de Ordens e "a conta de disposição" da carga e este afirmou que não poderia dar por ela mais de 661$815 réis. "Receando eu algum extravio a esta quantia, pude com bastante diligencia consegui-la mesmo em bestas cujas parcellas são mencionadas em dita corrente".

82. *Ibidem*. Carta do Cel. Jordão de 3.06.1820.

denotava o temor dos investidores em aplicar capitais numa atividade considerada insegura, arriscada e sem potencialidade de lucros. Nesse ínterim o governo central, na tentativa de evitar o total colapso da unidade fabril, resolveu submetê-la à competente alçada do governo provincial.

O inventário de todos os pertences do estabelecimento, arrolados em duas relações por Mestre Toxa, foi remetido para o Rio de Janeiro. As máquinas haviam sido avaliadas em 325$680 réis e os móveis "que não se encontravam em bom estado" orçados na quantia de 143$440 réis[83]. Note-se que era relativamente modesto o capital imobilizado em máquinas, móveis e mercadorias em estoque, representado pela importância de 731$080 réis. A industrialização do algodão, pelo menos de início, não necessitava considerável investimento de capital tal como ocorreu com a siderurgia e outros empreendimentos de maior envergadura, mas mesmo assim tornava-se difícil convencer homens de negócio a assumirem a responsabilidade.

Diretrizes ideológicas da Junta de Comércio inspiraram a criação de uma sociedade por ações na cidade de São Paulo com o intuito de impedir o fechamento da fábrica e incentivar o avanço econômico da indústria têxtil, diminuindo assim os riscos do investidor. O Estado, absorvido em questões políticas, diplomáticas e militares, não podia dispor de eficiência no âmbito industrial sem a colaboração conjunta de capitais particulares. Esta receita havia sido prevista pelo Edital de 7 de maio de 1821 também para a Fábrica de Fiação da Lagoa Rodrigo de Freitas, porém não obteve êxito em virtude da ausência de receptividade dos homens de negócio[84]. Entretanto, a inteligente solução proposta repercutira favoravelmente em São Paulo, onde logo frutificou a idéia de organizar uma Sociedade de Fiação pois alguns paulistas "de bom grado a aceitaram"[85]. Francisco Ignácio

83. AE. *Circulares*, 231, cx. 5, pasta 4, maço 5. Carta do Cel. Jordão de 3.06.1820.

84. DI (1808-1822), 1937, v. 60, pp. 249 e 250. Passaram-se cinco meses sem que tivesse surgido sociedade alguma.

85. AE. *Circulares*, 231, cx. 5, pasta 4, maço 5. Representação de Mestre Toxa. s.d.

de Souza Queiroz e José Arouche de Toledo Rendon foram recomendados por Mestre Toxa à Junta de Comércio para gerir a administração da tecelagem.

O Coronel Francisco Ignácio de Souza Queiroz, filho de uma paulista de Santo Amaro e de um reinol que tinha feito fortuna comerciando em Mato Grosso, estava incluído entre as pessoas mais abastadas da Província de São Paulo. Seus haveres o comprovam[86]. Membro da Sociedade de Fiação demonstrara interesse em adquirir o fio, tecidos e o algodão em rama estocados na fábrica do Capitão Vieira. O negócio foi consumado pela importância de 261$960 réis. Posteriormente dispôs-se a comprar também as máquinas avaliadas em 325$680 réis. Todavia, a efetivação da transação demorou um ano porque não se sabia a quem pagar a quantia em que havia sido estimada a empresa[87]. A 10 de outubro de 1821, mandou-se remeter ao Coronel Francisco Ignácio o inventário dos pertences da tecelagem do Capitão João Marcos, a fim de que a nova sociedade pudesse receber os utensílios, condicionando-se porém sua entrega ao antigo dono, caso ele não concordasse com as avaliações do inventário[88].

Uma organização econômica de caráter mais amplo surgiu em 1821 na cidade de São Paulo e destinava-se a promover o fomento agrícola e industrial da Província. A Sociedade Econômica da Província de São Paulo[89], cujos estatutos, em original, encontram-se guardados na Biblioteca Nacional do Rio de Janeiro, objetivava recolher as notícias históricas e as produções da Província consideradas úteis à agricultura e ao comércio interno e ex-

---

86. AE, *Juízo de Órfãos da Capital*, 1831, 5414, cx. 84. Inventário de Francisco Ignácio: Escravos — 86:620$000 réis; animais vacum, cavalar e muar — 2:300$800 réis; jóias — 9:789$600 réis; canaviais e açúcar — 6:482$000 réis; ouro e prata — 5:814$570 réis; móveis e ferramentas — 2:692$000 réis; produtos, bens vendidos e alforria de escravos — 1:136$000 réis.

87. AE, *Circulares*, 231, cx. 5. Carta do Cel. Jordão de 31.10.1820.

88. DI (1821-1822), S. Paulo, atas das sessões do governo provisório, 3.ª ed., 1913, p. 71.

89. BNRJ, *Estatutos para a Sociedade Economica da Província de São Paulo*, Original, Col. Carvalho, 12 páginas. Publicada pela Imprensa Nacional em 1821 — CEHB — 12.489-I 5, 1, 39.

terno. Em seus propósitos básicos incluíam-se, igualmente, a publicação de memórias e instruções, bem como o patrocínio de auxílio financeiro a lavradores e artistas necessitados. Prêmios e recompensas seriam distribuídos por ano "aos que melhor satisfizessem os programas e fins da sociedade".

Métodos mais modernos seriam divulgados por intermédio de compêndios das diferentes doutrinas econômicas "em que se aproveitem as luzes teóricas e os resultados práticos da experiência". O "Directorio da Sociedade" constituía o eixo central da instituição e possuía função consultiva e informativa.

Participariam da sociedade militares, eclesiásticos, funcionários públicos civis, professores, lavradores, artistas, negociantes, fabricantes, todos selecionados pelo critério de conhecimento, zelo, patriotismo e caráter honrado e residentes na cidade de São Paulo ou em suas proximidades.

Importante, sem dúvida, era a proposição de amparo financeiro às atividades econômicas da Província. Para tanto, cada sócio daria a quantia inicial de 12$800 réis e mais 4$800 réis anuais para dotação da sociedade.

A elevação do nível técnico firmou-se como uma das preocupações fundamentais. José Bonifácio, redator dos Estatutos, batalhador incansável da causa do progresso econômico de São Paulo, pôs à disposição da nascente sociedade sua biblioteca com mapas, modelos e máquinas[90], acervo possivelmente acumulado durante sua longa permanência no exterior.

A Sociedade de Fiação da cidade devia estar ligada àquela instituição que pelo menos em seus propósitos ideais básicos constituíra-se em agente modernizador e protetor das atividades econômicas da Província de São Paulo.

Graças à atuação do Marechal de Milícias Arouche Rendon e do Coronel Francisco Ignácio de Souza Queiroz, a fábrica paulista de tecidos manteve-se em atividade até pouco depois de nossa independência. O afastamento forçado de seus sócios e a falta de capitais para as despesas básicas ocasionaram, em setembro de 1822, uma séria

90. DI, v. 2, pp. 55 e 56.

crise naquele estabelecimento[91]. Com efeito, o enredamento dos proprietários, embora em diferentes circunstâncias nos problemas políticos do período, afetou os destinos da empresa. A 20 de setembro de 1824 o governo provincial convidou o Brigadeiro Manoel R. Jordão, seu sobrinho o Capitão Antônio da Silva Prado, o Mestre-Tecelão Thomaz Roiz Toxa e novamente o Marechal Arouche Rendon para a organização duma sociedade que se encarregaria de administrar a fábrica do ausente Capitão Vieira[92].

Os primeiros empresários da industrialização do algodão na cidade de São Paulo vangloriavam-se ostensivamente de haverem sido movidos a participar como acionistas mais por espírito patriótico do que pela ambição de lucros[93]. É bem possível que este valor social expresso como sentimento patriótico se tenha confundido com um nascente nacionalismo, já manifestado nas idéias de grupos de intelectuais brasileiros do tempo da independência e que foi motor de inúmeras transformações. Acompanhando as cinco etapas que Rostow concebeu para explicar o desenvolvimento econômico, detivemo-nos na segunda, onde ele analisou as pré-condições para a arrancada industrial[94]. O confronto entre o plano teórico enfocado e a realidade brasileira da segunda década do século XIX nos fez pensar que a motivação política, isto é, o sentimento patriótico e a emergência de um tipo de nacionalismo contra a intromissão de nações estrangeiras, atuou como uma das molas propulsoras de uma incipiente tentativa de modernização econômica. A idéia de que as

91. AHM, *Papéis Avulsos de 1822*, v. 1. Carta de Thomaz Roiz ao Marechal Arouche em 21.09.1822.

92. AE, *Juízo de Órfãos* de 1825, cx. 69, d. 6.

93. *Idem*, Lucas Antônio Monteiro de Barros escrevia em 22.09.1824 a respeito da nascente sociedade: "Tendo elles patrioticamente annuido à aquela proposição"; AE, *Ofícios Diversos da Capital*, 865, cx. 70, pasta 1, d. 35. Em relação à sociedade organizada em 1826 afirmava-se "foi formada mais com espírito de Patriotismo, do q.ᵉ de interesse"; AE, *Ofícios Diversos da Capital*, 866, cx. 71, pasta 1: (...) "mais o patriotismo do que o interesse nos moveo a este passo".

94. W. E. ROSTOW, *Etapas do Desenvolvimento Econômico*, 4.ª ed. Trad. Octávio Alves Velho, Rio de Janeiro, Zahar Editores, 1971, p. 42.

manufaturas nacionais deveriam ser animadas para poderem sofrer a concorrência estrangeira era amiúde expressa em debates de alguns deputados que participaram da Assembléia Constituinte de 1823[95].

O pessoal que capitaneava a indústria de tecidos em São Paulo emergira, em sua maioria, de um grupo de comerciantes e proprietários rurais e estava ligado à política, ao exército, ocupando, em termos administrativos, funções na cidade. Portanto somente a elite criteriosamente escolhida pelo governo tomou parte na direção das empresas. Os mesmos valores que condicionaram o ingresso na Sociedade Econômica parecem ter orientado os dirigentes na seleção dos empresários do ramo têxtil. Procurando garantir a continuidade e o êxito da iniciativa industrial atribuiu-se maior ênfase ao aspecto econômico, apelando-se para aqueles que tivessem condições financeiras de levar avante o empreendimento.

Manoel Roiz Jordão, procurador da fábrica de tecidos de algodão e seda do Capitão Vieira, tornou-se, em 1824, seu sócio a convite do governo. O comércio de tecidos que enriquecera seu pai o atraiu da mesma forma. Abastado homem de negócios, era proprietário de engenhos de açúcar, de fazendas de café, de uma bela chácara no Ipiranga, de inumeráveis escravos, além de ser credor de padres e até mesmo do Alferes Thomé Manoel de Jesus Varella[96]. Sua riqueza aliada a uma notável dedicação pelas causas públicas transformaram-no em ambicionado alvo como empresário.

O Capitão de Ordenanças Antônio da Silva Prado, seu sobrinho, fixara-se, desde 1816, na cidade de São Paulo. Paulista de nascimento residira longo tempo em Caitité, importante centro baiano de cultura do algodão, onde parece ter adquirido fortuna graças ao comércio de

---

95. *Anais da Assembléia Constituinte do Império do Brasil de 1823*. Rio de Janeiro, Typ. de H. J. Pinto, 1879, t. 4 e 6, respectivamente pp. 114 e 119. Vide como exemplo a posição de Carvalho e Mello.

96. AE, *Juízo de Órfãos da Capital*, 5413, cx. 83. Inventário de Manoel Roiz Jordão, 1830.

tecidos[97]. Em 1818 e 1819 ainda não se desligara do ramo têxtil continuando a promover um mais frágil intercâmbio com Bahia, Rio de Janeiro, através de seus agentes comerciais[98]. Em São Paulo sua atividade mercantil era bastante diversificada: gado, açúcar, farinha americana e tecidos. Seu sucesso como capitalista devia residir na capacidade de avaliar o momento financeiro e tal aptidão manifestava-se na realização de operações variadas e oportunistas geradas num momento de crises e incertezas em que era importante saber exatamente quando parar. Proprietário de terras e engenhos, arrematador das rendas públicas[99], foi um dinâmico, inteligente e autêntico capitalista do início do século XIX.

Thomaz Roiz Toxa, natural do Porto, tinha 40 anos de idade quando chegou à cidade de São Paulo em 1813[100] para exercer a função de mestre fabricante de tecidos de algodão e seda. Ganhava um excelente ordenado: uma parcela correspondente a 600 réis diários pagos pela Junta de Comércio e outra do proprietário da empresa que não excedia a quantia arbitrada por aquela instituição. Não obstante ser casado vivia só, o que certamente lhe propiciou oportunidades maiores de acumular um atraente e apreciável pecúlio, resultado de dez anos de trabalho. Sócio da fábrica em 1824, associava dois elementos que lhe conferiam importância como empresário: a disponibilidade de capitais para investir e uma larga e consolidada experiência em tecelagens.

Estes homens aceitaram o honroso convite do governo provincial, porém, dividiram entre si o trabalho. O Marechal Arouche Rendon responsabilizou-se pela compra de matéria-prima e novos instrumentos têxteis; Mestre Toxa ocupou-se da assistência técnica aos artífices e

97. IHGSP, *Contas Correntes de Antônio da Silva Prado (1810-1819)*, v. 12.
98. IHGSP, *2.º Copiador de Cartas de Antônio da Silva Prado (1818-21)*, v. 19.
99. MARIA THEREZA SCHORER PETRONE, Um Comermerciante do Ciclo do Açúcar paulista: Antônio da Silva Prado (1817-1829) (III), *Revista de História*, S. Paulo, 39 (79):123, 1969. A autora analisou detalhadamente a atuação do Capitão como importante comerciante de açúcar.
100. AE, *População da Capital*, 35, cx. 35, 1814.

aprendizes e do pagamento da féria aos jornaleiros[101]. O Capitão Antônio da Silva Prado veio a ser o caixa da sociedade, com obrigações de recolher os fundos e realizar todas as despesas necessárias. Cada sócio ingressaria com a quantia de 150$000 réis[102], que globalizaria a importância de 600$000 réis, destinada a dar cobertura aos gastos da fábrica. O capital de giro era reservado para operações correntes de aquisição de matéria-prima, substituição e compra de novos instrumentos, pagamento da féria dos jornaleiros[103].

A Tabela 6 fornece informações relativas ao movimento da fábrica de tecidos nos meses de abril a julho de 1825. Os valores foram expressos em réis.

A escrituração registrada pelo Capitão Antônio da Silva Prado nos dá conta do desequilíbrio entre a receita e a despesa. Enquanto as despesas orçavam em 242$340 réis a receita foi 48$410 réis com 193$930 réis de prejuízos em cinco meses de funcionamento. As crescentes perdas, o pequeno vulto e o debilitamento cada vez maior das transações constituíam motivos suficientes para desfazer a sociedade e restringir a capacidade de atrair novos investimentos.

O Capitão Antônio da Silva Prado com seu sensível talento para negócios pouco depois abandonava aquela atividade industrial. Já em agosto de 1825 recebeu a quantia de 328$780 réis de Francisco Pinto do Rego Freitas relativa às despesas com a fábrica que "transpassei", escrevia ele, ao "Cel. Anastácio de Freitas Trancoso como do título que lhe passei na comprovante escritura de condições"[104]. Houve uma substituição quase integral dos sócios quando Manoel Roiz Jordão e Thomaz Roiz Toxa seguiram o exemplo de Antônio da Silva Prado.

101. Veja-se *Diário Geral de Antônio da Silva Prado (1825-30)*, v. 7. Função de Toxa; *Diário Geral de Antônio da Silva Prado*, v. 6 (out. 1825 — função de Rendon).
102. IHGSP, *5.º Copiador das Cartas de Antônio da Silva Prado*, v. 21, p. 115. Carta dirigida a Thomaz Roiz Toxa em 4.05.1825.
103. IHGSP, *Diário Geral de Antônio da Silva Prado*, v. 6, p. 144. "Importância ao Marechal Rendon para pagamento dos algodões e fios" (quantia ilegível); aquisição de 12 cardas novas; montagem de uma calandra.
104. IHGSP, *Diário Geral de Antônio da Silva Prado*, v. 7

Tabela 6. Movimento da fábrica de tecidos

DESPESA		RECEITA		
Meses		*Meses*		
abril	despesas gerais 64$510	abril	fazendas vendidas	21$205
	féria 29$240			
	12 cardas 15$360			
maio	féria 32$270	maio	fazendas vendidas	15$960
junho	féria 21$200	junho	fazendas vendidas	6$325
julho	féria 27$240	julho	fazendas vendidas	4$920
	desengrosso 52$520			
TOTAIS	242$340			48$410

Fonte: IHGSP, *Diário Geral de Antônio da Silva Prado (1825-1830)*, v. 7.

Em 1826 participavam da nova sociedade para produzir tecidos o Coronel Anastácio de Freitas Trancoso, o Ten.-Cel. Joaquim Barreto de Camargo e o Marechal-de-Campo José Arouche de Toledo Rendon.

O notável Marechal Arouche, pioneiro da introdução do chá em São Paulo, destacou-se por sua dedicação e perseverança na árdua tarefa de administrar a problemática fábrica de tecidos do Capitão Vieira[105]. Não desanimou diante das crises por que passava amiúde aquele estabelecimento fabril, tanto que se conservara como membro da sociedade desde 1821. Companheiro de José da Silva Lisboa, o futuro Visconde de Cairu, na Universidade de Coimbra ao tempo da reforma educacional empreendida por Pombal, recebeu, também, como tantos brasileiros que lá estudaram, o impacto de certas tendências ilustradas, a predisposição para idéias novas e uma acentuada receptividade para as tentativas de modernização econômica e social. De sua formação resultou uma preocupação com a realidade em que vivia, derivando para a solução de problemas práticos mais do que teóricos e revelada parcialmente em sua propensão para inovar. Ocupava, como os demais homens que lideraram os primórdios do processo de industrialização da cidade de São Paulo, relevantes funções[106]. Sua nomeação em outubro

105. ANTÔNIO BARRETO DO AMARAL apontou em amplo trabalho sobre o Marechal Rendon a colaboração emprestada por esse influente e dinâmico paulista para o desenvolvimento da fabricação de tecidos em São Paulo. Cf. *O Tenente-General José Arouche de Toledo* (Sep. *Revista do Arquivo Municipal*, S. Paulo, (173):87-88, 1966. Todavia nem sempre sua atuação como administrador e sócio da empresa têxtil foi assinalada de modo conveniente. Veja-se MANUEL E. DE AZEVEDO MARQUES, op. cit., t. 2, p. 52; PAULO CURSINO DE MOURA, *São Paulo de Outrora*, Evocações da Metrópole, 3.ª ed., S. Paulo, Livraria Martins, 1954, p. 132. O autor destacou erroneamente seu papel de fundador da fábrica.

106. MANOEL E. DE AZEVEDO MARQUES, op. cit., pp. 51 e 52. Conselheiro do governo, deputado à Assembléia Constituinte de 1823, salientou-se como capitão, coronel, inspetor-geral de milícias e tenente-general. Cf. DI (1817-1819), S. Paulo, v. 88, 1963, p. 220. Foi procurador da Coroa na Real Fábrica de Ipanema. Cf. AE, *Vindos*, livro 1. Nomeado pelo imperador, em outubro de 1827, Diretor do Curso Jurídico da cidade de São Paulo.

de 1827, para ocupar o cargo de Diretor do Curso Jurídico da cidade de São Paulo, obrigou-o a tratar com nova categoria de problemas, dividindo-se entre a atividade econômica e a intelectual.

Presumimos que o Estado ao convocar com freqüência os préstimos daqueles empresários desfavoreceu o ramo têxtil, dispersando capitais, energias e interesses.

Os co-participantes da recém-formada sociedade, não fugindo à norma, foram do mesmo modo que os anteriores, escolhidos pelo governo provincial. Anastácio de Freitas Trancoso, um deles, natural de Paranaguá, 74 anos de idade, coronel reformado das Tropas Ligeiras, era proprietário de terras em Freguesia do Ó "vivendo de seu soldo"[107]. Testemunha seu altruísmo e espírito patriótico o fato de ter armado e fardado, às suas custas, a Companhia de Cavalaria de Voluntários Reais[108].

A fábrica contava no ano de 1827, embora faltasse, conforme o assinalou o Marechal Rendon, "união de vontade nos sócios para resolverem o seu progresso", seis teares em efetivo exercício, três máquinas filatórias modernas, pequenas rodas e todos os aparelhos necessários para fiar, tecer e tingir em azul[109].

A produção de tecidos em São Paulo parece ter acompanhado um restrito circuito fechado quando os limitados lucros acarretaram desinteresse dos empresários e que por sua vez gerou menor potencialidade para um impulso industrial. As repetidas alterações na composição da sociedade assinalam a instabilidade, a insegurança, a reduzida rentabilidade, em termos lucrativos, daquele núcleo têxtil. Três vezes foi modificada a estrutura da organização: a primeira em 1821, seguida por outra em 1824 e novamente em 1825. Neste clima de indecisões e acentuada mobilidade capitalista é difícil entender a razão que impeliu o Alferes Thomé Manoel de Jesus Varella a se dedicar à industrialização do algodão.

107. *Actas da Camara Municipal de S. Paulo*, v. 22, p. 479 e *População da Capital (1818-1827)*, cx. 36, 36. Ano de 1815: Paróquia de Freguesia do Ó.
108. MANOEL E. DE AZEVEDO MARQUES, *op. cit.*, t. 1, p. 47.
109. AE, *Ofícios Diversos da Capital*, 866, cx. 71, pasta 1. Assinado por Varella em 30.03.1828.

Mestre de ourives, paulista, residente à Rua do Rosário[110] fora eleito desde 1808, avaliador de artefatos de ouro e prata na cidade de São Paulo[111]. Comerciante de objetos de prata, entre 1820 e 1821[112], enveredou para o ramo de tecidos na segunda década do século XIX, possivelmente em decorrência de crise na atividade mineradora. Diferia dos demais pioneiros da industrialização, por não ser um abastado capitalista, sendo-lhe difícil adquirir as máquinas e demais pertences da Filatória da Lagoa Rodrigo de Freitas postos à venda pelo governo central. A transação foi morosa e embaraçada, apesar de considerada urgente pelo Estado. Varella manifestara interesse na aquisição através de um requerimento endereçado à Junta de Comércio, onde propunha pagamentos regulados por quartéis, com o primeiro ano livre enquanto no segundo e nos demais pagaria as quartas partes de todos os tecidos que lhe comprasse a Real Fazenda. A Junta de Comércio procurou investigar a situação econômica do futuro comprador e assim através de Resolução Real de 3 de agosto de 1822, salvaguardando-se de riscos, propiciava a possibilidade de compra não a Varella e sim à Sociedade de Fiação da Cidade de São Paulo da qual fazia parte[113]. No entanto, acreditamos que a transação tenha sido efetivada em seu nome, pois hipotecou seus bens para pagamento da dívida de 3:000$000 réis, montante correspondente ao total da compra[114]. Precisou lançar mão dos recursos de alguns homens ricos que viviam em São Paulo a fim de manter a fábrica. Entre seus credores

110. AE, *População da Capital*, 36, cx. 36.
111. SÉRGIO BUARQUE DE HOLANDA, A Mais Antiga Fábrica..., *Digesto Econômico*, S. Paulo (41):111, abril de 1948.
112. IHGSP, *Diário Geral de Antônio da Silva Prado*, v. 6. Pagou a Varella em 1820 para bornir (?) "huas peças de prata, estribo e freio — 2$560 réis; em maio de 1821 adquiriu uma escrivaninha de prata no valor de 60$200 réis. Cf. *Collecção das Leis do Brazil de 1815*, Rio de Janeiro, Imprensa Nacional, 1890, d. 41. O ofício de ourives era combatido porque facilitava o extravio do ouro em pó; todavia pelo alvará de 11 de agosto de 1815 foram levantadas as proibições constantes da carta régia de 30 de julho de 1766 e permitia-se que negociassem suas obras, ficando livres para trabalhar com ouro e prata.
113. DI, v. 60, p. 262.
114. AE, *Ofícios Diversos da Capital (1826-1827)*, 865, cx. 70. Resposta de Varella em 6.04.1826.

figuravam Antônio da Silva Prado e Manoel Roiz Jordão: o primeiro financiou em 1823 a remessa de 59 arrobas de algodão em rama de Minas Novas, adiantando-lhe a importância de 372$589 réis referente ao preço da matéria-prima e seu transporte[115]; o segundo emprestara-lhe a juros a quantia de 183$000 réis[116].

As tecelagens não exigiam um grande empate de capital e ainda assim inovadores ingleses como Robert Owen, James Watt e Arkwright começaram seus negócios associando-se ou emprestando dinheiro de amigos e parentes. Thomé Manoel de Jesus Varella também procurou fundos em seu círculo de relações, visto que as oportunidades de obtenção de crédito por via governamental pareciam ser diminutas apesar da inauguração em 1819 de uma Caixa Filial do Banco do Brasil na cidade de São Paulo. Saint-Hilaire assinalou que este banco, que

> poderia ter se tornado de grande utilidade para o comércio, era uma espécie de sucursal de estabelecimento congênere do Rio de Janeiro, ou melhor dizendo, dependia inteiramente deste último [117].

O regresso de D. João VI para Portugal em 1821, as despesas urgentes com guerras pela consolidação de nossa independência, a reorganização administrativa agravaram a situação dos cofres públicos, afetando sobremaneira o Banco do Brasil, que era o maior credor do Estado. A Fazenda Nacional encontrava-se, em 1823, com seus recursos exauridos a ponto de não poder pagar a tropa e os empregados públicos[118].

Varella dispunha de capitais exíguos e era membro da Sociedade de Fiação parecendo ter agido sozinho até

---

115. IHGSP, *Diário Geral de Antônio da Silva Prado (1825-1830)*, v. 7, p. 142. O empréstimo garantido por 2 letras pagáveis a cada seis meses foi completamente saldado em março de 1825: uma parte em notas de Banco, correspondente à importância de 192$580 réis e a outra em dinheiro — 192$580 réis.

116. AE, *Juízo de Órfãos da Capital*, 5.413, cx. 83. Inventário de Manoel Roiz Jordão: cobrava a 5.ª parte da importância de 183$000 réis, isto é, 36$600 réis que "a margem sae".

117. SAINT-HILAIRE, *Viagem à Província de São Paulo*, p. 162.

118. AE, Livro 721, *Ofícios para a Capitania*. Ofício de 21.09.1823, dirigido ao Marechal Arouche sobre a precária situação da Fazenda Nacional que não podia socorrer a Fábrica de Ipanema.

março de 1825. Neste ensejo, uniu-se a Rafael Tobias de Aguiar e a José Manoel da Silva o que propiciou o engrossamento do capital de giro da sociedade para a elevada quantia de 9:100$000 réis[119]. A associação foi particularmente vantajosa, pois seus novos sócios possuíam considerável fortuna. Efeitos positivos fizeram-se sentir já em março de 1825, quando o Capitão José Manoel da Silva saldou, a dinheiro, o restante da dívida do Alferes Varella para com o Capitão Antônio da Silva Prado[120]. O Sargento-Mor Rafael Tobias de Aguiar, natural de Sorocaba, era Tesoureiro interino da Real Fábrica de Ipanema, Administrador das Rendas Reais e comprador de animais nas famosas e concorridas feiras daquela cidade[121]. O Capitão José Manoel da Silva nascido em Santo Amaro, era rico comerciante e proprietário de terra[122].

Muitos foram os esforços para a ampliação e modernização da tecelagem: reforma dos teares à inglesa, aquisição de novas máquinas e aumento do "laboratório"[123]. Varella devia possuir um interesse real em promover o progresso de sua fábrica, pois existiam grandes compromissos financeiros a saldar. No entanto, em 1827, escrevia que "os resultados de suas produções ainda não equilibram as despesas"[124]. Utilizou-se dos recursos disponíveis para impulsionar aquele núcleo fabril, adotando fórmulas para aumentar o rendimento do trabalho e ex-

119. AE, *Ofícios Diversos da Capital (1826-1827)*, 865, cx. 70. Varella em 10.02.1827.

120. IHGSP, *Diário Geral de Antônio da Silva Prado (1825-1830)*, v. 7, p. 142. A dívida era 192$580 réis.

121. DI, (1817-1819), v. 88, pp. 56, 97 e 137; AE, *Circulares*, 231, cx. 5, pasta 4, maço 5. Em 1820 o Sargento-Mor Rafael Tobias de Aguiar e o Capitão Vieira tinham negócios. Tobias de Aguiar devia reembolsar o Coronel Jordão pelas despesas já efetuadas com a fábrica, saldando-as com o produto da venda de mulas.

122. MANUEL E. DE AZEVEDO MARQUES, *op. cit.*, t. 2, p. 62.

123. AE, *Ofícios Diversos da Capital*, 866, cx. 71. Varella em 8.04.1828 fez menção aos teares reformados à inglesa; AE, *Ofícios Diversos da Capital,* 865, cx. 70. Varella em 10.02.1827.

124. AE, *Ofícios Diversos da Capital*, 865, cx. 70. Varella 10.02.1827.

pandir o mercado, assumindo riscos e responsabilidades. Representou Varella a mais autêntica figura de empresário industrial da segunda década do século XIX.

Todavia, se os resultados tomados globalmente não corresponderam aos esforços dispendidos, é possível que as condições econômicas e sociais do período tivessem agido como freio às mais audaciosas e decisivas participações.

3. MODERNIZAÇÃO TÊXTIL E MÃO-DE-OBRA

1. *A Ação do Estado*

A partir da segunda metade do século XVIII, notadamente com o segundo George, importantes inovações técnicas acionaram o industrialismo britânico. Os ingleses em defesa de seus inventos e temendo a concorrência estrangeira, procuravam mantê-los no maior segredo, o que sem dúvida retardou seu processo de difusão pela Europa e América. Até mesmo depois de transcorridos os momentos iniciais da Revolução Industrial, e após a liberação, em 1825, da exportação de máquinas, os debates da Câmara dos Comuns denotavam existir ainda na Grã-Bretanha uma forte preocupação dos deputados em obstá-la a todo custo[1]. A produção de maquinaria nos Esta-

---

1. *English Historical Documents,* Ed. David C. Douglas, p. 536. Debates na Câmara dos Comuns em 6.12.1826.

dos Unidos realizou-se graças à colaboração de operários especializados ingleses que emigraram, escapando ao controle das autoridades britânicas[2].

Esta política de restrições, associada ao interesse em assenhorear-se do mercado brasileiro, consumidor em potencial de produtos manufaturados, constituía motivo suficiente para que a Inglaterra evitasse a propagação de modernas técnicas industriais e freasse qualquer tentativa de modernização econômica no Brasil. As vantagens auferidas pelos ingleses em nosso território, por intermédio do acordo firmado em 19 de fevereiro de 1810 representavam a garantia às suas pretensões.

Por isso acreditamos que grande parte das inovações técnicas introduzidas no Brasil, na primeira metade do século XIX teve Portugal como mediador. Sua localização geográfica permitiu-lhe um mais fácil e estreito contato cultural com a Grã-Bretanha, propiciando a adoção de elementos úteis ao progresso econômico protuguês. Jorge Borges de Macedo[3] assinalou que os novos mecanismos de procedência inglesa entraram em Portugal no início do último quartel do século XVIII e devem ter sido introduzidos em Portalegre.

Já em pleno regime colonial, refere Nícia Vilela Luz, podia-se encontrar indivíduos e mesmo grupos que reivindicavam a implantação de manufaturas no país, lembrando como exemplo o plano dos inconfidentes mineiros e em especial o papel de José Álvares Maciel, encarregado de dirigir a industrialização[4].

Ao estudar a trajetória da idéia de progresso e reforma no Brasil, Fernanda Wright[5] salientou que de ma-

2. V. S. CLARK, *History of Manufactures in the United States (1609-1860)*, Washington, 1916, p. 533. Apud CELSO FURTADO, *Formação Econômica do Brasil*, 11.ª ed., S. Paulo, Ed. Nacional, p. 107.
3. "Indústria na Época Moderna", in: JOEL SERRÃO, *Dicionário de História de Portugal*, Porto, Livraria Figueirinhas, 1971, v. 2, p. 534.
4. NÍCIA VILELA LUZ, "O Industrialismo e o Desenvolvimento Econômico do Brasil", *Revista de História*, v. 27, (56):271, 1963.
5. FERNANDA P. DE ALMEIDA WRIGHT, *Desafio Americano à Preponderância Britânica no Brasil (1808-1850)*, Rio de Janeiro, Imprensa Nacional, 1972, p. 24.

neira geral as elites do país desejavam, por diferentes motivos e aspirações, promover o aceleramento de seu progresso material.

Com efeito, alguns homens de negócio, interessados em ativar o desenvolvimento tecnológico da indústria têxtil no Brasil, importaram idéias e máquinas de Portugal. Por volta de 1808 o ex-inconfidente Pe. Manoel Rodrigues da Costa trouxera daquele país para Registo Velho, em Minas Gerais, máquinas de tecer linho e diversas qualidades de panos[6]. Bento Dias Chaves, morador do Tijuco e que em Portugal examinou intensamente o assunto, estabeleceu aí "um filatório perfeito de mules, com as suas competentes cardas"[7].

O Estado português, que procurara até 1808 inibir a atualização técnica entre nós, tornou-se o instigador do espírito criador dos brasileiros e um dos agentes de sua modernização econômica. Em decorrência da liberdade industrial concedida e das dificuldades interpostas à aquisição de maquinaria moderna no exterior, os detentores do poder político, através de legislação adequada, tentaram induzir a atividade criativa. Pelo artigo VI do alvará de 28 de abril de 1809, permitia-se aos inventores ou introdutores de novas máquinas ou invenção o privilégio exclusivo por 14 anos. O novo, conforme elucidou o economista José da Silva Lisboa, tinha um sentido bastante amplo e flexível, pois abrangia inclusive as modificações e melhoramentos introduzidos nas máquinas existentes[8].

6. AMÉRICO JACOBINA LACOMBE, Origens da Indústria de Tecidos em Minas Gerais, *Digesto Econômico*, S. Paulo, (32):98, jul. 1947.
7. BITHENCOURT DA CÂMARA, A Indústria Filatória na Demarcação Diamantina, *Revista do Arquivo Público Mineiro*, Ouro Preto, (4):755, out./dez. 1887.
8. JOSÉ DA SILVA LISBOA, *Observações sobre a Franqueza da Indústria e Estabelecimento de Fábricas*, Rio de Janeiro, Impressão Régia, 1810, parte I. Parece-nos que o governo teve poucas oportunidades de premiar efetivamente os criadores de máquinas no setor têxtil. Cf. *Collecção das Leis do Brazil (1812-1814)*. José J. Machado destacou-se como introdutor de máquinas de ensacar e enfardar algodão, embora o utensílio não apresentasse grande novidade. Com efeito, D. João mandara vir alguns anos antes, de Calcutá, uma máquina semelhante, mas que não havia sido usada. Cf. JOSÉ FERREIRA CARRATO, *Igrejas, Iluminismo e Escolas Mineiras Coloniais*, S. Paulo, Ed. Nacional, 1968, p. 192. Dr.

A modernização da indústria têxtil brasileira fez-se em parte, com os expedientes adotados pela Junta de Comércio. Sua ação assistencial já se fizera sentir em 1813, quando o Mestre José Lopes, enviado por aquela instituição a Vila Rica, fornecera um modelo para montagem de teares. Nesse mesmo ano assinalava o Conde de Palma, governador da Capitania de Minas Gerais, que teria prazer em apresentar "ainda que em ponto pequeno uma Fábrica de Algodões semelhante àquelas, que tão vantajosamente se haviam estabelecido em Portugal"[9].

A Capitania de São Paulo beneficiou-se com essa política governamental. Em 1813, por intermédio do Mestre-Tecedor Toxa, recebeu da Junta de Comércio diversos instrumentos, cedidos gratuitamente "para servirem a perfeição das Fábricas"[10].

Em 1815, o governo encomendou em Lisboa um aparelho filatório, que meses depois chegava ao Brasil. Nícia Vilela Luz aventou a hipótese de que os grandes interesses envolvidos no comércio português com o Oriente poderiam explicar a atitude hesitante do governo de D. João no tocante à indústria algodoeira no Brasil. As novas diretrizes que se anunciam, a partir de 1815, com a importação de maquinaria moderna, revelariam, de outro lado, alterações nas condições do comércio asiático, com o retorno da Inglaterra àquela área[11].

A possibilidade de sanar o problema da falta de fios nas tecelagens com os novos processos de fiar, já satisfatoriamente testados na Inglaterra e Portugal, justificava a importação de uma máquina de fiar de Lisboa. As oportunas críticas do naturalista Bithencourt Câmara à Junta de Comércio podem ter alertado o governo, favorecendo a decisão de fomentar a fiação no Brasil. Suas observações dirigidas ao Conde de Palma, em 1813, chamavam

Francisco de Paula Vieira, cientista do Tijuco, encaminhou, em 1813, ao Conde de Palma, um aparelho filatório de sua invenção.

9. Correspondência do Conde de Palma dirigida às Cortes em 9.11.1813. *RAPM*, Belo Horizonte, n.º 372, 1926.

10. DI (1808-1822), 1937, v. 60, p. 102.

11. Tentativas de Industrialização do Brasil, in: *História Geral da Civilização Brasileira*, S. Paulo, DIFEL, 1971, t. 2, v. 4, p. 34.

a atenção para a indústria filatória: "Malograra todos os seus trabalhos, caíra no vício, em que caiu a Junta de Comércio querendo tecer, sem ter o fio"[12].

O atraso deste importante setor tornava premente o emprego de recursos mais operantes. Dessa forma, a filatória real instalada no Rio de Janeiro transformou-se num centro de treinamento de aprendizes e de construções de máquinas modernas de fiar para serem remetidas a outras províncias.

2. Aperfeiçoamentos nos Processos de Fiar e Tecer. O Acabamento dos Tecidos.

2.1. Etapas da preparação do fio de algodão

A primeira fase do longo e demorado processo de fabricação do fio consistia no descaroçamento do algodão, efetuado tradicionalmente com o emprego da "churka" e que facultava um pequeno rendimento de trabalho. A seguir o algodão, limpo dos caroços, era cardado. Esta operação, que determinava a qualidade do fio já era considerada importante, pois "para bem poder fiar é preciso que preceda uma boa cardagem do Algodão"[13]. Em aditamento aos informes do historiador Sérgio Buarque de Holanda[14], é preciso anotar que na fábrica do Piques existiam escovas com dentes de ferro há tempo suficiente para estarem enferrujadas em 1825, quando aparecem em inventário dos bens de seu ex-proprietário, sendo possivelmente as mesmas trazidas do Rio de Janeiro, em 1813, por Mestre Toxa. Quando o estabelecimento do Piques reiniciou sua atividade, esse material foi subs-

---

12. BITHENCOURT CÂMARA, A Indústria Filatória na Demarcação Diamantina, *RAPM*, Ouro Preto, (4):755, out./dez. 1887.

13. *Idem*.

14. Fiação Doméstica em São Paulo, *Digesto Econômico*, S. Paulo, (47):124, out. 1948. Encontra-se a afirmação de que este tipo de instrumento esteve sempre associado à lã animal. Cf. AE, *Juízo de Órfãos da Capital de 1825*, cx. 69, d. 6. Descrição e avaliação dos teares e mais utensílios da fábrica do Capitão João Marcos Vieira: "16 pares de cardas que pelo estado de ferrugem em que se acham não têm nenhum valor".

tituído por 12 cardas adquiridas de José Antônio Lopes no valor de 15$360 réis[15].

Os processos de elaboração de fio de algodão alteraram-se sobremaneira após a incorporação das máquinas e demais pertences da Fiação da Lagoa Rodrigo de Freitas aos bens do Alferes Varella, residente na cidade de São Paulo. Acreditamos que obstáculos de natureza sócio-econômica hajam restringido a difusão da maquinaria mais moderna, impedindo com isso que a manufatura doméstica de tecidos fosse beneficiada com estas mudanças técnicas.

O transporte dessa complexa e pesada carga do Rio de Janeiro para São Paulo era, naquele tempo, uma tarefa difícil. As máquinas foram desmontadas, a fim de que não sofressem os abalos da prolongada viagem. Porém seu funcionamento e manejo adequado por aprendizes dependiam do mestre lisboeta João Moreira, ligado anteriormente à Filatória da Lagoa e mandado para a capital paulista pela Junta de Comércio. Recebeu a princípio a incumbência de restaurar e reconstituir a maquinaria, tarefa que demandou quatro meses. Em junho de 1824 ainda não haviam sido terminados os serviços de uma carda grande e da máquina de fiar, que, no entanto, já estava com sua ferragem pronta[16].

A fábrica só iniciou sua atividade em janeiro de 1824, após o empréstimo de local adequado e o término da maior parte dos trabalhos de restauração e reconstrução das recém-adquiridas máquinas. Com estes novos instrumentos e a posse da única máquina filatória completa existente no Brasil tornou-se desde logo a principal abastecedora de fios da tecelagem da Rua do Piques.

O tempo dispendido na fabricação do fio podia limitar seriamente o aumento da produção de tecidos. Segundo os métodos tradicionais, as fiandeiras levavam, longas horas a lidar em suas rodas de fiar, obtendo amiúde resultados pouco satisfatórios. Dessa forma, a

15. IHGSP, *Diário Geral de Antônio da Silva Prado (1825-1830)*, v. 7.
16. AE, *Livro 724. Provisões Régias (1824-1836)*, p. 14. Requerimento de Thomé Manoel de Jesus Varella à Junta de Comércio solicitando a prorrogação do prazo concedido ao Mestre João Moreira para permanecer em sua fábrica.

desproporção entre o seu trabalho e o dos tecelões acentuava-se, gerando um desequilíbrio problemático. Conforme cálculos já realizados[17], mais ou menos cinco fiandeiras produziam material para um tecelão. A fábrica do Piques possuía, em 1825, apenas dezesseis rodas de fiar: oito trazidas do Rio de Janeiro por Mestre Toxa e as restantes adquiridas na cidade de São Paulo. Avaliadas em 640 réis cada uma, exigiam um modesto investimento de capital, porém seu reduzido número, certamente insuficiente para suprir os teares, obrigava os fabricantes de tecidos a recorrer à produção doméstica de fio. Em setembro de 1822, permaneciam estocados na tecelagem do Piques fios para "mais um até dois meses" e Mestre Toxa comprara ainda por sua conta "algumas bagatelas das fiandeiras"[18]. A constante falta de fios interferia de modo decisivo na continuidade das operações têxteis e no volume da produção de tecidos.

O governo provincial encarregou Mestre João Moreira de construir naquele estabelecimento três mesas filatórias, concluídas em fevereiro de 1825: duas com sessenta fusos e uma com quarenta[19]. Isto permitiria a multiplicação do rendimento do trabalho e poupança de mão-de-obra, possibilitando a consecução simultânea de vários fios. A modernização da indústria têxtil paulista, tal como a americana, fez-se com a imitação de modelos originais importados. As máquinas paulistas, reproduzindo a que fora trazida de Lisboa, eram pequenas, comparando-se com as inglesas, que já no final do século XVIII, como a máquina de fiar inventada por Hargreaves, tinham capacidade para 100 a 120 fusos[20].

17. Cf. PHYLLIS DEANE, op. cit., p. 107. O autor referiu-se ao trabalho de 3 ou 4 fiandeiras para 1 tecelão; M. NIVEAU, História dos Fatos Econômicos Contemporâneos, trad. Octavio Mendes Cajado, S. Paulo, DIFEL, 1969, p. 26. Menciona a necessidade de cinco fiandeiras para produzir fio para um tecelão.

18. AHM, Papéis Avulsos de 1821. Carta de Thomaz Roiz Toxa ao Marechal Arouche Rendon em 21.09.1822.

19. AE, Ofícios Diversos da Capital (1826-1827), 865, cx. 70, pasta 1, d. 35. Requerimento de Francisco Pinto do Rego Freitas.

20. PHYLLIS DEANE, op. cit., p. 108. A maquinaria construída em São Paulo parecia assemelhar-se mais a "Jenny" de Hargreaves e menos ao invento de Arkwright.

Todavia, as novas máquinas filatórias da tecelagem do Piques não saldaram o *deficit* de fios, porquanto seu funcionamento dependia ainda do fio grosso e destorcido, produzido com exclusividade pela máquina de fiar a desengrosso do Alferes Varella[21]. A posse deste implemento lhe assegurava, de certo modo, o monopólio da produção, colocando sob sua dependência a fábrica do Piques. Com efeito, em julho de 1825 fizera-se a despesa de 52$520 réis na compra de 6 arrobas e 10 (?) de desengrosso do Capitão José Manoel da Silva[22]. Reunindo as atividades complementares de fiar e tecer, o estabelecimento do Alferes não parecia dispor de quantidade suficiente de fio para prover as necessidades da outra empresa. Notava-se uma diminuição progressiva do desengrosso destinado à venda[23].

Os sócios da fábrica do Piques, reagindo à falta de fios e à sujeição econômica, empenharam-se em copiar o modelo da máquina filatória de Varella o mesmo ocorrendo com as máquinas de cardar e fiar a desengrosso[24]. Entretanto, a difusão integral dos modernos mecanismos encontrou, na resistência do proprietário em emprestar os originais para a modelagem de ulteriores reproduções, uma sólida barreira, pois era visível a concorrência entre os dois núcleos fabris.

Sofrendo diversas pressões, o Alferes Varella decidiu, em abril de 1826, colocar as máquinas à disposição dos interessados a fim de se "tirarem as dimensões, contanto que não se pretenda tirar para fora" e "venha interromper os trabalhos das mesmas"[25].

21. AE, *Ofícios Diversos da Capital (1826-1827)*, 865, cx. 70, pasta I, d. 20. O algodão era encanudado e transformado em corda e em seguida encaminhado para a máquina de desengrosso que "hé fiar grosso e muito laço e depois fiar fino".

22. IHGSP, *Diário Geral de Antônio da Silva Prado (1825-1830)*, v. 7. O Capitão José Manoel da Silva era sócio do Alferes Varella.

23. AE, *Ofícios Diversos da Capital (1826-1827)*, 865, cx. 70, pasta 1, d. 35. Requerimento de Francisco Pinto do Rego Freitas, abril de 1826.

24. *Idem, Ibidem.*

25. *Idem*, pasta 1, d. 33. Resposta do Alferes Varella em 6.04.1826.

A implantação na fábrica do Piques das técnicas recém-adquiridas não resolveu o problema da escassez de matéria-prima e nem conseguiu deslocar a roda de fiar para o porão. Em 1827, lá se empregavam pequenas rocas, máquinas filatórias, a produção doméstica das fiandeiras e ainda assim, por falta de fios, seu estado era estacionário[26]. Em contrapartida, esta questão não afetou a fiação do Palácio do Governo, que manteve atividade ininterrupta durante todo o ano de 1826[27].

A qualidade e o preço do fio de algodão apresentavam uma notória discrepância. Sua largura determinava o valor e o tipo de tecido a ser fabricado. Com o algodão fiado grosso teciam-se meias, barretes, velas de navios, enquanto com o fino compunham-se fustões, cassas, musselinas e, misturado com a seda, "estofos para diferentes gostos". Logo após o estabelecimento daquela fiação, adquiria-se o fio de "três varas", mais fino, por 400 réis a libra-peso, preço elevado, tendo em vista a qualidade da mercadoria. A libra-peso de desengrosso era vendida a 260 réis, "mais do dobro do justo valor". Todavia, com este material caro, a tecelagem do Piques obtinha, por dia, oito libras de bom fio[28], quantia só atingida com trabalho manual de aproximadamente 16 fiandeiras[29]. Os preços do fio de algodão não decaíram apesar do aumento da produção e dos custos decrescentes da matéria-prima[30]. Na fábrica do Palácio do Governo, em

---

26. AE, *Ofícios Diversos da Capital (1828-1829)*, 866, c. 71, pasta 1, d. 45. Marechal Arouche Rendon em 30.03.1828.

27. AE, *Ofícios Diversos da Capital (1826-1827)*, 865, cx. 70, pasta 1, d. 20. Alferes Varella em 10.02.1827.

28. AE, *Ofícios Diversos da Capital (1826-1827)*, 865, cx. 70, pasta 1, d. 35. De acordo com os sócios da fábrica do Piques, o algodão era "muito distorcido, que apenas serviu para a trama e talvez ainda exista o resto que para nada serve". "Parece que esta ruim obra foi feita de propósito" (...) "mas talvez procedesse da má fé de quem o fiou torcendo pouco para avançar serviço".

29. Cf. SPIX E MARTIUS, *Viagem pelo Brasil*, v. 2, p. 152. Cada fiandeira produz por semana no mínimo meia libra de fio a 100 réis.

30. Em 1814 o preço em réis por arroba de algodão era 1$600 réis; em 1815 — 3$000; 1816 — 8$000; 1818 — 6$400: 1821 — 3$200; 1825 — 1$120; 1827 — $960 e em pluma 4$480. Cf. Mapas de importação e exportação do porto de Santos. Os

1826, foram transformados em fio 20 quintais de algodão, correspondentes a 80 arrobas. A tabela seguinte indica algumas alterações no preço do algodão em rama e do fio, e de igual modo, as discrepâncias entre os valores:

Tabela 7. Preços do algodão por arroba

ANOS	VALORES EM RÉIS	
	EM RAMA	FIO
1818	6$400	9$600
1821	3$200	8$000
1825	1$120	8$000

Em 1816, a arroba de fio valia 8$000 réis; em 1818 9$600 réis; em 1821, 8$000 réis; em 1825, 200 réis a libra-peso, equivalente a 8$000 réis a arroba[31]. Note-se que o preço do algodão decresceu apenas 17%. Em 1825, verificou-se uma queda de 30% no preço do algodão em rama, não acompanhada pelo fio que manteve o seu valor.

2.2. *Os teares e a produção de tecidos*

Desde o século XVI existiam seguramente em São Paulo teares destinados à fabricação de pano[32]. O Mestre-Tecelão Thomaz Roiz Toxa, ao iniciar seu trabalho, em 1813, na fábrica do Capitão João Marcos Vieira, encontrou "quatro teares de 10" já montados "em diferentes tecidos de algodão"[33]. Teares não estavam incluídos no rol dos instrumentos remetidos para São Paulo em

---

dados relativos a 1825 foram extraídos de *População da Capital*, 36, cx. 36, Freguesia do Ó; os de 1827 de *Ofícios Diversos da Capital*, 865, cx. 70.

31. AE, *Ofícios Diversos da Capital*, 865, cx. 70, pasta 1, d. 20.

32. SÉRGIO BUARQUE DE HOLANDA, O Algodão em São Paulo nos Séculos XVI e XVII, *Digesto Econômico*, S. Paulo (35):84, out. 1947.

33. AE, *Circulares e outros atos do Cap. Gen. e Gov. Prov.*, 231, cx. 5, pasta 4, maço 5. Teares de 10 possivelmente porque eram tecidas 10 peças ao mesmo tempo. Nossa conclusão fundamentou-se no testemunho de Antônio R. Bastos, que anunciou, em 1813, na *A Gazeta do Rio de Janeiro*, que sabia fazer "hua machina de tecer de 10 até 20 peças" ao mesmo tempo.

1813 pela Junta de Comércio, mas sim nove libras de cordas de linho para sua armação.

Dez teares foram arrolados no inventário efetuado em 1825, na abandonada fábrica do Capitão: seis para tecidos de algodão e quatro para seda[34]. Os mais caros destinavam-se à confecção de "obras largas de algodão" e seu valor, naquela época, era estimado em 17$000 cada um. Apenas dois teares enquadravam-se nesse tipo. O preço de um tear para seda era 9$600 réis, enquanto que o reservado à produção de "obras estreitas de algodão", custava 6$400 réis.

Inicialmente, fabricava-se tecido de seda e algodão, porém este último conseguiu abafar os tímidos passos da indústria sericícola. Em 1827, na tecelagem do Piques, funcionavam seis teares para algodão[35], ao passo que aqueles empregados na produção de seda se achavam paralisados. Operados manualmente, quer-nos parecer se assemelhavam ao existente no Museu Histórico-Pedagógico "Rafael Tobias de Aguiar", em Sorocaba. Construção engenhosa, em madeira, era manobrada por um tecelão que trabalhava em pé, movendo os pedais que acionavam os liços de modo a abaixar e levantar a urdidura do tear a cada passagem da lançadeira. Para a prévia ordenação dos fios, que obedecia ao desenho do tecido, havia na fábrica do Piques uma urdideira com escanhadeira, avaliada em 1$800 réis[36].

A atualização das técnicas têxteis fez-se, tal como na Inglaterra, primeiramente e de forma mais acentuada no âmbito da fiação. Os melhoramentos introduzidos neste setor devem ter exigido alterações nos métodos de tecer. A fábrica do Palácio do Governo, administrada pelo Alferes Varella, modernizou-se mais uma vez com precedência sobre a do Piques, pois, em 1828, já possuía dois tea-

34. AE, *Juízo de Órfãos da Capital de 1825*, cx. 69, d. 6. Descrição e avaliação (...). Mandado realizar pelo Presidente da Província de São Paulo. O documento foi transcrito por Aguirra e sua cópia encontra-se no Museu Paulista.

35. AE, *Ofícios Diversos da Capital (1828-1829)*, 866, cx. 71. Assinado pelo Marechal Arouche Rendon em 1828.

36. AE, *Juízo de Órfãos da Capital de 1825*, cx. 69, d. 6. Descrição e Avaliação (...).

res reformados à inglesa pelo Mestre Diogo, havendo planos para as modificações dos restantes[37].

A introdução no Brasil de teares movidos a vapor deve ter sido uma experiência posterior. É provável que esta forma de energia, usada de início na indústria açucareira, tenha se difundido lentamente. Mesmo na Inglaterra, os teares mecânicos, impulsionados pelo novo agente, só tiveram ampla aceitação a partir da década de 1820. Nos Estados Unidos, o primeiro foi construído em 1814, juntamente com a máquina de fiar, em Waltham, Massachusetts. Acredita-se que aí, de modo pioneiro, os processos de fiar e tecer se concentraram em uma só fábrica[38].

Embora não exista um acordo quanto à data e local da implantação do primeiro tear a vapor na Província de São Paulo[39], podemos afiançar que sua difusão se processou aqui a partir da segunda metade do século XIX.

2.3. *Operações de acabamento dos tecidos*

As indústrias têxteis necessitavam, além de descaroçadores de algodão, rodas de fiar, máquinas filatórias, teares, urdideiras, também outros aparelhos indispensáveis às operações de acabamento dos tecidos.

Submetia-se o tecido depois de pronto à dealbação, menos suscetível à mudanças mecânicas. Não obstante, na Europa, graças ao desenvolvimento da química industrial, ocorreu uma série de transformações neste processo. O alvejamento era uma prática comumente utilizada pelos fabricantes de tecidos, embora sejam desconhecidos os métodos aplicados na cidade de São Paulo na segunda

37. AE, *Ofícios Diversos da Capital (1828-1829)*, 866, cx. 71. Alferes Varella em 8.04.1828.
38. HAROLD U. FAULKNER, *American Economic History*, New York, Harper & Brothers Publishers, 1954, p. 248.
39. Cf. ALICE P. CANABRAVA, *O Desenvolvimento da Cultura do Algodão na Província de São Paulo (1861-1875)*, S. Paulo, 1954. A primeira fábrica em São Paulo que fez uso da energia fornecida pelo vapor foi a de Sorocaba, criada em 1851 e posta em funcionamento em 1857. FRANCISCO NARDY FILHO, *A Fábrica de Tecidos São Luís de Itu*, S. Paulo, 1949, p. 15. Segundo o autor a fábrica de Itu, fundada em 1869, foi o primeiro estabelecimento a empregar máquinas a vapor adquiridas nos Estados Unidos.

década do século XIX. A pouca complexidade desta operação devia despender pequenos gastos e ainda assim na fábrica do Piques, em 1822, as fazendas não puderam ser branqueadas por falta de quem suprisse as despesas[40].

O tingimento realizava-se nas dependências das fábricas. Produziam-se aí algodões brancos e coloridos, em especial azuis, preferidos porque se adotava essa cor nos uniformes dos soldados[41]. A potencialidade de vender tecidos para o fardamento das tropas orientou a eleição do tom azul obtido com o anil, cultivado em regiões do Rio de Janeiro e São Paulo[42]. A tecelagem do Piques especializara-se em tecidos brancos e de tonalidade azul, enquanto a do Palácio do Governo apresentava maior variedade de cores[43].

As operações de engomar e lustrar completavam o acabamento dos tecidos. A aplicação da goma, habitualmente empregada nos dois núcleos fabris, processava-se fora da fábrica. O lustramento dos tecidos a princípio não deve ter sido usado, pois a calandra, um dos mais caros aparelhos têxteis, já conhecida no Rio de Janeiro em 1813[44], só foi introduzida no estabelecimento do Piques em 1825[45].

40. AHM, *Papéis Avulsos de 1821*. Carta de Thomaz Roiz Toxa ao Marechal Arouche em 21.09.1822.

41. AE, *Ofícios Diversos da Capital (1826-1827)*, 865, cx. 70, d. 20. Thomé M. de Jesus Varella em 10.02.1827; AE, *Ofícios Diversos da Capital (1828-1829)*, 866, cx. 71, d. 25. Arouche Rendon em 30.03.1828.

42. Cf. JOSÉ DE SOUZA AZEVEDO PIZARRO E ARAÚJO, *Memórias Históricas do Rio de Janeiro e das Províncias Anexas à Jurisdição do Vice-Rei do Estado do Brasil*, Rio de Janeiro, Imprensa Régia, 1820, t. 1, pp. 147, 148 e 149. No Rio de Janeiro a principal área do cultivo do anil era Cabo Frio e vendia-se o gênero para fábricas de tecidos existentes em Portugal, tais como a de Covilhã e Portalegre.

43. AE, *Ofícios Diversos da Capital (1826-1827)*, 865, cx. 70, d. 20. Thomé Manoel de Jesus Varella em 10.02.1827; *Ofícios Diversos da Capital (1828-1829)*, 866, cx. 71, d. 45. Arouche Rendon em 30.03.1828.

44. *A Gazeta do Rio de Janeiro*, Rio de Janeiro, Imprensa Régia, 1813, n.º 6. Antônio Ribeiro Bastos anunciava, nessa data, que sabia fazer "engenhos de dar lustro em seda, algodão e lã".

Aqueles primeiros fabricantes conseguiram integrar em sua unidade industrial a variada gama de atividades necessárias à produção de tecidos, com exceção da estamparia que parecia requerer a inversão de importantes capitais.

A primeira tentativa realizada na Província de São Paulo de se utilizar máquinas para a estampagem de tecidos foi a do francês Nicolau Dreys. Com o intuito de instalar o aparelhamento, de procedência francesa, solicitou ao governo, em agosto de 1825, a doação de terreno entre as Vilas de Cananéia e Paranaguá, região rica em florestas[46]. A escolha daquele local prendia-se à perspectiva de obtenção do ácido pirolenhoso através da destilação da madeira. A questão da doação, no entanto, ficou pendente até 1828. Nessa data, o Marechal Arouche Rendon sugeria a concessão de mil braças quadradas de terras devolutas no Morro do Cardoso para a edificação da pretendida fábrica da chitas[47].

Concluído o acabamento, o tecido encontrava-se em condições de ser vendido. É difícil calcular com precisão os efeitos da implantação das máquinas têxteis sobre o volume de produção, já que não possuímos informações anteriores a 1826, quadro de referência para uma comparação. A fábrica do Palácio do Governo em trabalho contínuo produziu, em 1826, três para quatro mil varas de tecidos de algodão, brancos e coloridos[48]. A produção decaiu em 1827 para o total de 2695 varas de tecidos possivelmente em decorrência da paralisação temporária de teares a serem reformados com base no modelo inglês. Porém a adoção desta nova técnica em tecelagem deve ter interferido de modo decisivo no crescimento posterior da capacidade produtiva daquele núcleo fabril.

45. IHGSP, 5.° *Copiador das Cartas de Antônio da Silva Prado (1825-1828)*, v. 21, p. 15. Mestre Toxa construiu uma calandra na qual foram aplicados 150$000 réis. Comparando-se esta importância com o preço dos teares e demais aparelhos têxteis, tem-se a medida do valor da máquina.

46. AE, *Vindos da Justiça*, livro 2, p. 73.

47. AE, *Atas e Pareceres do Conselho Geral (1824-1831)*, 5650, cx. 2.

48. AE, *Ofícios Diversos da Capital (1826-1827)*, 865, cx. 70, d. 20.

Os problemas de mercado existentes em 1826[49], agravaram-se com o tempo, impondo o fechamento da fábrica em 1831 "por causa da prodigiosa acumulação de manufaturas, que obrigou a Sociedade a vendê-las a grande prazo"[50]. Isto pode não ter ocorrido com a fábrica do Piques que produzia em escala bem menor: em 1827 atingiu 1831 varas pesando 633 libras, incluindo-se a goma[51].

Infelizmente a aceleração do ritmo de produção da fábrica do Alferes Varella não se fez acompanhar por um incremento da procura. O mercado absorvia os tecidos parcialmente, agindo como repressor da dinâmica de produção. Este desnível entre a oferta e a procura deve ter sido gerado pela qualidade e preço da mercadoria ou ainda pela infiltração cada vez maior de congêneres de procedência estrangeira. Os tecidos de algodão de fabricação doméstica não chegaram a representar, na ocasião, uma concorrência temível, visto que o número de fiandeiras e tecelões concentrados em período anterior na zona urbana de São Paulo decaía vertiginosamente. O colapso coincidente da atividade fabril e doméstica é bastante sintomático e talvez possa revelar a atuação negativa dos mesmos agentes.

As opiniões sobre a qualidade do tecido confeccionado na fábrica do Palácio do Governo são discordantes. Em janeiro de 1830, o Alferes Varella tentava obter o fornecimento de roupa branca e barretinas para as tropas em São Paulo. Os referidos gêneros pareceram de boa "manufatura e só dependentes de alguns aperfeiçoamentos para se tornarem excelentes" e até preferíveis aos "vindos de fora do Império"[52]. Contudo, o termo de exame efetuado em uma amostra de barretina, em junho do

49. Idem. "Vende-se com alguma demora nesta Capital, e em Santos, panos trançados para velas de embarcações".
50. AE, Ofícios Diversos da Capital de 1832, 868, cx. 73, d. 27. Resposta de Thomé M. de Jesus Varella ao Presidente da Província de São Paulo a respeito da situação da fábrica e do Mestre Thomaz Roiz Toxa em 1.03.1832.
51. AE, Ofícios Diversos da Capital (1828-1829), 866, cx. 71, d. 45.
52. AE, Livro 893, n.º 3, de Informações de Requerimentos, p. 31. Carlos M. Oliva a José Carlos Pereira de Almeida Torres, Presidente da Província de São Paulo.

mesmo ano, apresentava opinião discrepante exarada por um Conselho integrado por representantes do 6.º e 7.º Batalhão de Caçadores, e dois peritos indicados pelo Alferes Varella. Consoante àquele parecer, a mercadoria não podia servir

> não só pela má qualidade da manufaturação, como pela pouca ou nenhuma duração que poderá ter, notando mais que em pouco tempo desbotarão, bem como acontece com as que o 6.º Batalhão tem em arrecadação compradas na mesma Fábrica, que não tendo sido servidas, elas se acham bastante desmerecidas na cor [53].

A emergência de novos fortes concorrentes estrangeiros, amparados por tratados comerciais[54], obtidos a partir de 1826, afetou sobremaneira o imaturo setor têxtil dos algodões. Em vista do exposto, é razoável presumir que o aumento da produção e a discutível qualidade do produto acabado tenha desequilibrado a luta pelo domínio do mercado interno, dificultando a aceitação e venda dos tecidos fabricados em S. Paulo.

3. *O Trabalho nas Fábricas de Tecidos*

Uma das razões que condicionaram a eleição da cidade de São Paulo como área para o desenvolvimento da industrialização do algodão prendeu-se à presença aí de reserva de mão-de-obra, representada por fiandeiras e tecelões que exerciam uma atividade urbana e doméstica.

53. AE, *Requerimentos de 1830*, 1348, cx. 8. Termo de exame de amostra de barretina. Secretaria do Governo de São Paulo em 28.06.1830.

54. *Collecção das Leis do Brazil de 1826*, Rio de Janeiro, Typ. Nacional, 1880, 1.ª parte, p. 44. Carta de 6 de junho de 1826 ratifica o Tratado da Amizade, Comércio e Navegação entre o Império do Brasil e França; *Collecção das Leis do Brazil de 1827*, Rio de Janeiro, Typ. Nacional, 1878, p. 23. Carta de lei de 17 de agosto de 1827 ratifica o Tratado de Amizade, Comércio e Navegação entre o Império do Brasil e o Reino Unido da Grã-Bretanha e Irlanda; p. 47: Carta de Lei de 17 de novembro de 1827 ratifica o Tratado de Comércio e Navegação entre o Império do Brasil e as cidades livres e hanseáticas de Lubeck, Bremen e Hamburgo; p. 59: Carta de Lei de 29 de novembro de 1827 ratifica o Tratado de Comércio e Navegação celebrado entre o Império do Brasil e o Império da Áustria; *Collecção das Leis do Brazil de 1828*, Rio de Janeiro, Typ. Nacional, 1878, 2.ª Parte, p. 9. Carta de Lei de 18 de abril de 1828 aprova e ratifica o Tratado de Amizade, Comércio e Navegação entre o Império do

Já em 1808, concentravam-se naquela cidade 93 pessoas que viviam de fiar e 12 de tecer o algodão[55]. Porém, no ano de 1814, o Mestre-Tecelão Thomaz Roiz Toxa, recém-chegado do Rio de Janeiro, declarava não haver em São Paulo "braços que desta ocupação tenham princípios'[56]. Semelhante observação não deixa de surpreender se atentarmos para os dados que figuram na Tabela 8[57] e que comprovam o elevado número de artesãos têxteis, então, espalhados pela cidade. Há indícios, todavia, de que Mestre Toxa se referia à pequena parcela de tecelões, bastante inferior à de fiandeiras, numa relação aproximada de 1 e 7 em 1808, e de 1 e 11 na aludida data. A própria natureza do ofício de tecelão, que requeria habilidades bem mais complexas e a dependência do trabalho complementar das fiandeiras, justificam a diminuta quantidade desses profissionais.

A produção doméstica do fio constituía tarefa predominantemente feminina, enquanto a tecelagem, englobando, por vezes, a posse e o manejo intrincado e fatigante de teares, tornava a função privativa de homens. A Rua do Piques, São José e as Freguesias de Santa Efigênia, Nossa Senhora do Ó, Penha e Santana eram as preferidas pelas fiandeiras. Sua fixação em zona urbana converteu a atividade em profissão autônoma, sem ligações com as ocupações agrícolas, eliminando aquela característica que por longo tempo marcou as manufaturas domésticas na Inglaterra. Ainda que praticada por mestiços, brancos e negros, verificamos a ocorrência em ruas como a do Piques de proporção superior de mulatas fiandeiras[58].

Brasil e República dos Estados Unidos da América; p. 201: Carta de Lei de 20 de setembro de 1828 ratifica o Tratado de Amizade, Comércio e Navegação entre o Império do Brasil e o Reino dos Países Baixos; p. 55: Lei de 24 de setembro de 1828 estabelecia em 15% para todas as nações, os direitos de importação de quaisquer mercadorias e gêneros estrangeiros.

55. SÉRGIO BUARQUE DE HOLANDA, São Paulo, in: *História Geral da Civilização Brasileira*, S. Paulo, DIFEL, 1964, t. 2, v. 2, p. 427.

56. AE, *Passaportes e Requerimentos (1809-1811)*, 320, cx. 78, pasta 2. Representação de Thomaz Roiz Toxa, s. d.

57. Veja p. 94-95.

58. AE, *População da Capital*. Em 1814 existia na Rua do Piques uma proporção de 18 mulatas, 7 brancos e 3 negros que

Tabela 8. Fiandeiras e tecelões na cidade de São Paulo (1814 — 1830)

FREGUESIAS RUAS E TRAVESSAS	1814		1815		1816		1817		1819		1822		1829		1930	
	F	T	F	T	F	T	F	T	F	T	F	T	F	T	F	T
Príncipe	—	2									—	1				
Rego	4	—	5	—									—	—	—	—
Pólvora	3	—	4	—									—	—	—	—
Figueira			3	—												
Rosário			4	—									—	—		
Boa Vista	3	—	1	1					2	1			—	—		
Tv. Pe. Gonçalo	1	—	6	1					1	1	2	1	—	—	—	—
Beco da Lapa	1	—			3	—			3	—	1	—				
São José	11	—			1	—			4	—						
Piques	25	3	24	1	15	1			28	2	3	2	—	2		
F. Sta. Efigenia	29	1	20	1							4	.	—	1	1	—
F. Pinheiros	2	—			1	—			2	—	2	—				

94

Local	F	T	F	T	F	T	F	T	F	T	F	T	F	T	F	T
Pacaembu	1	—	1	—	2	—			1	—					—	
Santana	7	1			9	—			6	2					—	
F. N. Sra. do Ó	5	1					7	—	12	—	10	—	3	—	17	—
Ouvidor			2	—												
Pte. Marechal			4	—	34	—										
Cam.º da Luz			9	—	7	—										
Curral					6	—			2	—						
Penha					27	7	33	3	27	3	12	4	30	1		
São Bento									6	1	1	—				
Tv. Sto. Antonio									2	—						
Bexiga									1	—	6	—				
Caxoeira											1	—			1	
Hospital											5	—			—	
Pte. do Lorena															6	2
TOTAL	92	8	83	4	105	8	40	3	97	10	47	8	51	3	7	3

Fonte: AE, *População da Capital* (1814-1830).
F — Fiandeiras   T — Tecelões
Obs.: A organização da série completa foi prejudicada pela falta de documentos.

Considerando que esta atividade têxtil coexistiu com a da fábrica do Piques, parece significativo notar a ausência de acentuadas alterações em sua composição numérica até 1818, sofrendo porém em 1822 parcial colapso.

A partir dos primeiros anos da segunda década do século XIX, as fiandeiras e tecelões, residentes em zona urbana, começaram a escassear. Não pudemos precisar se nesta ocasião deixaram as ruas centrais por outras mais afastadas ou se abandonaram definitivamente o ofício por atividades mais lucrativas. De qualquer forma, a fiação e tecelagem doméstica perderam o antigo vigor, e em 1830 sustentavam-se de modo precário na cidade de São Paulo, o que coincidiu com a crise e paralisação do setor fabril.

A fabricação de tecidos, comparando-se com diferentes setores industriais, absorvia uma expressiva quantidade de mão-de-obra. Na Tabela 9 incluímos de acordo com as informações do Capitão José Manoel da Silva a relação dos estabelecimentos existentes na capital, em 1826, com os respectivos totais de empregados.

Tabela 9. Mão-de-obra na Capital em 1826

CATEGORIA FÁBRICAS	QUANTIDADE	NÚMERO DE EMPREGADOS
Tecidos	2	— (no início) 45
Destilaria	55	249
Olarias	23	104

Fonte: *AE*, Ofícios Diversos da Capital (1826-1827), *865, cx. 70, pasta 2, d. 48.*

Havia uma média de 4 empregados para cada destilaria e aproximadamente a mesma proporção para cada olaria. O setor têxtil atraía um maior número de trabalhadores por abranger operações bastante diversificadas de produção, tais como descaroçamento, fiação, tecelagem, alvejamento, engomagem e tingimento.

A fábrica do Palácio do Governo, em 1826, empregava 45 pessoas: 30 nas funções internas, ao passo que as restantes se incumbiam das tarefas externas de des-

se dedicavam à atividade de fiar; em 1815: 12 mulatas, 7 brancas e 5 negras; em 1816: 6 mulatas, 5 brancas e 4 negras.

caroçar, encarretar, corar e engomar[59]. No ano seguinte houve redução do pessoal: 24 distribuídos entre fiação e tecelagem e apenas 10 para os serviços externos de preparação e acabamento dos tecidos[60]. A paralisação temporária de dois teares para reforma provocou o desemprego de onze pessoas, ocasionando, de igual modo, uma diminuição da capacidade produtiva em cerca de 900 varas de tecidos de algodão. Mesmo assim, observou-se nesta fábrica, em 1827, um acréscimo de 864 varas de tecidos em relação à produção da fábrica do Piques, decorrente da implantação de novas técnicas de fiar e tecer, e sem vínculos com a quantidade de mão-de-obra, que era mais ou menos idêntica nos dois estabelecimentos[61].

A grande maioria dos que serviam os fabricantes de algodão era constituída por homens livres. A utilização do trabalho escravo processou-se aí em escala reduzida, o que causa estranheza, em virtude da aparente conveniência em empregá-lo. Todavia, a posse de um escravo significava investimento de capital, despesas com sua manutenção e provavelmente mão-de-obra têxtil de produtividade baixa. Ademais a cidade de São Paulo contava, no início do século XIX, com um número apreciável de trabalhadores livres. Estas circunstâncias parecem ter orientado o recrutamento de elevada porcentagem deste tipo de força de trabalho, se bem que isto implicasse no pagamento de salários. No ano de 1827 um único escravo, de propriedade do Marechal Arouche Rendon, servia na fábrica do Piques, enquanto a do Palácio do Governo reunia, então, quatro escravos. Três pertenciam ao Alferes Varella, o outro, por ser de fora, sugere ter sido alugado[62]. Desempenhavam funções internas e um deles foi mais tarde encarregado de preservar a maquinaria,

59. AE, *Ofícios Diversos da Capital*, 865, cx. 70, d. 20. Thomé Manoel de Jesus Varella em 10.02.1827.
60. AE, *Ofícios Diversos da Capital*, 866, cx. 71 d. 47. Thomé Manoel de Jesus Varella em 8.04.1828.
61. *Idem*, d. 45. José Arouche de Toledo Rendon em 30.03.1828. A fábrica do Piques ocupava, em 1827, 36 pessoas, enquanto a do Palácio do Governo, 34.
62. *Idem*, d. 47. Thomé Manoel de Jesus Varella em 8.04.1828. Trouxera dois escravos da Fábrica de Fiação da Lagoa Rodrigo de Freitas. Cf. *População da Capital*, 37, cx. 37, 1829. Nesta data o Alferes Varella possuía 5 escravos.

operação que antes cabia ao mestre-tecelão[63]. Não obstante, segundo o parecer de Burlamaque, o manejo e a conservação de máquinas eram incompatíveis com a escravidão, pela dificuldade em se obter indivíduos hábeis para exercê-la[64].

A ocupação de mulheres e crianças nas fábricas foi uma prática generalizada na Inglaterra e que remontava à indústria doméstica. O sucesso da experiência inglesa, adotando mão-de-obra abundante e menos dispendiosa, estimulou a imitação do modelo em outros países. As indústrias têxteis estabelecidas na cidade de São Paulo, no alvorecer do século XIX, arregimentaram, de igual modo, uma significativa proporção de mulheres e crianças. Na tecelagem do Piques, em 1827, 80% da força de trabalho era feminina. Por volta de 1820 Mestre Toxa assinalava o baixo custo da mão-de-obra e a possibilidade de aproveitar crianças na atividade têxtil em São Paulo[65]. O trabalho do menor foi bastante aplicado na fábrica do Palácio do Governo, onde os empregados, na maior parte meninos, "aprendem e só com o tempo ficarão aptos"[66]. Com efeito, em 1829, Joaquim, cor parda, dedicava-se à fabricação de tecidos e contava apenas 12 anos de idade[67]. A utilização da mão-de-obra infantil certamente freou o progresso tecnológico da fiação e tecelagem, pois a categoria dessa força de trabalho, ainda em aprendizagem, atuava sobre a qualidade do produto acabado, tornando-o incapaz de competir em igualdade de condições, com mercadorias congêneres importadas.

Acreditamos que existiam dificuldades para o aliciamento de mão-de-obra adulta e qualificada na capital paulista. Com o intuito de atrair pessoal mais habilitado,

63. AE, *Ofícios Diversos da Capital,* 868, cx. 73, d. 27. Thomé Manuel de Jesus Varella, em 1.03.1832.

64. LEOPOLDO CESAR BURLAMAQUE, Memória Analítica Acerca do Comércio de Escravos e Acerca dos Males da Escravidão, *apud* EMÍLIA VIOTTI DA COSTA, *Da Senzala à Colônia,* S. Paulo, DIFEL, 1966, p. 181.

65. AE, *Circulares e outros atos,* 231, cx. 5, pasta 4, maço 5. Mestre Toxa s.d.

66. AE, *Ofícios Diversos da Capital (1826-1827),* 865, cx. 70, d. 20.

67. AE, *População da Capital,* 37, cx. 37, 1829. Levantamento realizado pela 6.ª Companhia de Ordenanças.

concedia-se em muitos estabelecimentos industriais de Portugal o privilégio da dispensa do serviço militar. Dessa forma, artífices, obreiros, aprendizes e demais indivíduos ligados ao setor têxtil, não seriam obrigados a servir o exército "contra sua vontade, nem por mar, nem por terra". Tal prerrogativa foi reclamada pelos fabricantes de tecidos de Registo Velho, em Minas Gerais e por Mestre Toxa da tecelagem do Piques em São Paulo[68].

Os jornais dos trabalhadores não eram suficientemente elevados para possibilitar o aumento da oferta de trabalho e o estímulo à melhoria do nível técnico. O oficial mecânico da fábrica do Piques ganhava, em 1820, oito vinténs por dia[69], equivalente a 160 réis. Supondo que trabalhasse seis dias em cada semana teria no final 960 réis, e em um mês 3$840 réis. O salário nominal era irrisório comparado ao de outros artífices, permitindo modestos gastos se considerarmos o preço de um sapato que orçava, em 1824, cerca de 640 réis. Salários baixos significavam vantagens pecuniárias para o fabricante, pois este encargo cabia inteiramente a eles, mas deviam desviar indivíduos capazes para outras ocupações mais lucrativas. As oscilações no pagamento da féria, efetuado a intervalos mais ou menos regulares, demonstram certa inconstância no ritmo de produção. No ano de 1825, chegou a atingir em semanas diferentes 15$960 réis e 6$550 réis[70]. O preço do trabalho, pago comumente a dinheiro,

68. AHI, Coleções Especiais III. Formulário dos Artigos que se representarão a SAR para o estabelecimento e aumento da fábrica de pano, lã e algodão do Registo Velho. Pedia-se que as pessoas aí empregadas tivessem os mesmos privilégios concedidos por D. José I à Real Fábrica da Covilhã, isto é, dispensa do recrutamento para as tropas de linha, miliciais e ordenanças, nem ocupassem quaisquer cargos na "república", contra sua vontade; AE, *Passaportes e Requerimentos (1809-1811)*, 320, cx. 78, d. 20. Mestre Toxa reclamava para Joaquim Mariano Lobo, natural de Paranaguá, miliciano do 2.º Regimento, residente à Rua da Boa Vista, os privilégios do art. 7.º dos Estatutos da Real Fábrica de Sedas de Lisboa.

69. AE, *Circulares e outros atos*, 231, cx. 5, pasta 4, maço 5. Carta de Manoel Roiz Jordão em 3.06.1820.

70. IHGSP, *Diário Geral de Antônio da Silva Prado (1825-1830)*, v. 7.

era saldado, em alguns casos, com tecidos[71]. Os trabalhadores recebiam a retribuição salarial em proporção ao tipo de tarefa realizada. Ganhavam-se 280 réis por libra-peso do fio de n.º 24, o mais fino que se produzira na fábrica do Palácio do Governo. Calculava-se o preço da mão-de-obra de tecido em função da largura, lavor e peso do produto[72].

O Estado subvencionou, em parte, a remuneração dos mestres-tecelões procurando aliviar os empreendedores do dispendioso gravame. Convém notar que, em 1812, o governo concedeu igual tratamento salarial aos técnicos em tecidos enviados a Minas Gerais e São Paulo[73]. Os proprietários das fábricas poderiam arbitrar um ordenado excedente, a título de gratificação, porém com a condição de não ultrapassar a soma convencionada pela Junta de Comércio[74].

O português Thomaz Roiz Toxa monopolizou por dez anos o ofício de mestre-tecelão na cidade de São Paulo. Dirigia os teares, transmitia ensinamentos aos aprendizes, recebendo 600 réis por dia da Junta de Comércio. Em 1823 aquela instituição responsabilizou-se também pelo pagamento do salário do mestre lisboeta João Moreira incumbido de complexas tarefas na capital paulista. Percebia 1$600 réis diários, e seu contrato de trabalho fixava a prestação de serviços por um ano. Obrigava-se a restaurar as máquinas têxteis trazidas do Rio de Janeiro e preparar os aprendizes a manobrá-las[75].

71. AE, *Requerimentos de 1824*, 1342, cx. 2, pasta 3, s. d. Efigênia Maria Espírito Santo, parda forra, trabalhava na casa de Mestre Toxa com o ordenado de 1$600 réis mensais. Seu pagamento foi feito da seguinte maneira: "Para camisas vara e meia de cassa fina; para um vestido, 2$240 réis; para uma saia com 3 (?) covados de baeta azul — vara e meia de morim; para camisas e sapatos, 640 réis."
72. AE, *Ofícios Diversos da Capital (1826-1827)*, 865, cx. 70, pasta 1, d. 20. "A mão-de-obra do fio é, conforme sua finura, o mais fino que se tem feito n.º 24, regula a 280 réis por libra, quanto a panos é conforme sua largura, lavor e peso".
73. AMÉRICO JACOBINA LACOMBE, Origens da Indústria de Tecidos em Minas Gerais, *Digesto Econômico*, (3):100-101, jul. 1947; AE, *Provisões Régias*, 423, cx. 65, livro 179, p. 203. Provisão da Junta de Comércio de 11.05.1813.
74. AE, *Provisões Régias*, 423, cx. 65, livro 179, p. 203.
75. AE, *Livro 724 de Provisões Régias (1824-1836)*, p. 14.

Como a execução destes serviços não terminou dentro do prazo estipulado, D. Pedro I autorizou, a pedido do Alferes Varella, e através da Provisão de 14 de outubro de 1824, a prorrogação por mais um ano para o Mestre João Moreira poder continuar na fábrica instalada no Palácio do Governo[76]. A Junta de Comércio em agosto de 1825, alegando ter findado o tempo de duração do contrato, suspendeu o pagamento do ordenado a João Moreira. A Provisão de 23 de dezembro de 1825 o mantinha no cargo, porém com seus salários reduzidos à metade[77], o que representava para os cofres públicos uma poupança de cerca de 288$000 réis anuais. Tratava-se provavelmente de uma revivescência da política de contenção de gastos implantada pela administração imperial e gerada pelo difícil momento financeiro que o Brasil atravessava.

A disposição e o interesse de João Moreira pelo seu trabalho devem ter sido afetados por aquela restrição salarial, pois sua freqüência se tornou inconstante, prejudicando o ensino dos aprendizes e o "aumento da referida Fábrica". Inteirada do comportamento irregular dos mestres, a Junta de Comércio expediu a 13 de abril de 1826 uma Provisão determinando que o presidente da Imperial Cidade providenciasse o cumprimento dos deveres a que estes se haviam sujeitado[78].

O governo provincial passou a exercer fiscalização rigorosa sobre os mestres, procurando fazê-los observar as cláusulas de seu contrato de trabalho. Os mestres subordinavam-se à Junta de Comércio e não estavam submetidos ao patronato dos fabricantes de tecidos. Como não lhes pertenciam a matéria-prima e máquinas e nem o produto fabricado, perderam aquela autonomia que ha-

76. *Idem*, pp. 18 e 19; AE, *Ofícios Diversos da Capital (1826-1827)*, 865, cx. 70, pasta 1, d. 33. A Junta de Comércio emitiu em 30.06.1823 certificado atestando a arrematação dos pertences da extinta fábrica da Lagoa Rodrigo de Freitas pelo Alferes Varella. A permanência de João Moreira em São Paulo deve ter sido calculada com base na data do referido documento.
77. AE, *Livro 723 da Junta de Comércio (1822-1834)*, pp. 28 e 29. Requerimento de João Moreira à Junta de Comércio em 20.09.1825.
78. AE, *Livro 724 de Provisões Régias (1824-1836)*, pp. 52 e 53. Provisão da Junta de Comércio sobre a Fábrica Filatória do Ten.-Cel. Rafael Tobias de Aguiar, Cap. José Manoel da Silva e o Alferes Thomé Manoel de Jesus Varella em 13.04.1826.

via marcado por tanto tempo esta categoria de artesão dentro da hierarquia corporativa medieval e se tornaram praticamente assalariados.

Os dois mestres se solidarizaram. Mestre Toxa, de igual modo, fora afetado por uma nociva resistência ao trabalho. Tentando solucionar o problema, o vice-presidente da Província de S. Paulo determinou pela Portaria de 8 de maio de 1827 que se empregassem três dias por semana em cada fábrica. O Marechal Arouche Rendon apoiou com entusiasmo esta medida, declarando não haver coisa mais justa

do que obrigar aqueles dois Mestres a cumprirem os deveres a que se engajaram por contrato, a tirá-los da criminosa ociosidade em que se acham.

Da mesma forma o Alferes Varella considerou a providência como "a mais justa e acertada que se podia dar"[79]. Ambos julgavam que as ordens dirigidas aos mestres seriam logo executadas.

Todavia, desde a data da expedição da Portaria até 20 de outubro de 1827, não haviam sido observadas as determinações do governo. Thomaz Roiz Toxa criara nesse ínterim um pequeno estabelecimento têxtil na Glória, supondo o Alferes Varella ser isto "mais uma evasiva ao trabalho"[80].

A contar de 1828 o nome do Mestre João Moreira não mais figurou na correspondência entre a Junta de Comércio e os presidentes da Província de S. Paulo. Mestre Toxa porém manteve-se vinculado àquela instituição até fevereiro de 1830, quando foi suspenso o pagamento de seu ordenado[81]. D. Pedro I, por intermédio da Provisão de 20 de janeiro de 1831 mandava que o Presidente da Província de São Paulo informasse a respeito da atividade de Thomaz Roiz Toxa e quanto recebia do proprietário da fábrica em que estivesse empregado[82].

79. AE, *Ofícios Diversos da Capital (1826-1827)*, 865, cx. 70, pasta 69 e ds. 76 e 76 A.
80. AE, *Livro 723 da Junta de Comércio (1822-1834)*, p. 50. Luís Antônio Neves de Carvalho ao Tribunal da Junta de Comércio.
81. AE, *Vindos da Justiça*, 7705, cx. 1, livro 2, pp. 53 e 54.- Requerimento de Mestre Toxa em 2.03.1833.
82. AE, *Livro 724 de Provisões Régias*, p. 85. Provisão da Junta de Comércio para se informar sobre Mestre Toxa.

Em 1831 cessara a atividade industrial do setor têxtil e conseqüentemente Mestre Toxa encontrava-se inativo. Há indícios de que antes disso já não trabalhava mais na fábrica do Palácio do Governo. O Alferes Varella, sócio e administrador da fiação e tecelagem, respondendo ao ofício de 17 de fevereiro de 1831 expedido por Rafael Tobias de Aguiar, Presidente da Província de São Paulo informava:

O Mestre Thomaz Roiz assistia à Fábrica mui poucas vezes, e isso mesmo a muito custo e depois de repetidos convites: de sorte que, quando por ordem do governo da Província foi mandado alternar com a Fábrica do Exmo. Ten.-Gen. Arouche, mostrou má vontade. A Sociedade conhecendo o gravame que sua gratificação causava a um estabelecimento, que pouca, ou nenhuma utilidade oferecia, por estar em princípio, não o quis mais admitir, como já informei em resposta ao ofício do Exmo. ex-Presidente Aureliano Coutinho de 24 de março de 1831 [83].

Estes desacordos trouxeram graves prejuízos para o fomento tecnológico da incipiente indústria têxtil paulista. Incidiram na organização do trabalho desarticulando-o pelo desinteresse e resultante afastamento de seus dirigentes. O baixo nível da força de trabalho destacou ainda mais a importância do ofício de mestre, o principal responsável pela direção da tecelagem e transmissão da experiência necessária à formação dos aprendizes.

---

83. AE, *Ofícios Diversos da Capital*, 868, cx. 73. Thomé Manoel de Jesus Varella a Rafael Tobias de Aguiar em 1.03.1832.

4. A COMERCIALIZAÇÃO DOS TECIDOS DE ALGODÃO

1. Os Têxteis e a Concorrência Estrangeira

A retração do mercado para as manufaturas portuguesas, resultante da proliferação das manufaturas coloniais no Brasil e do crescimento ilegal, aliando-se ao perigo e justificado temor da possível conquista de autonomia política, determinou o tão conhecido alvará de 5 de janeiro de 1785. Tudo parece indicar que, no interregno de 23 anos entre a proibição e a concessão de liberdade industrial, a Coroa portuguesa não teve muitas razões para preocupar-se com o florescimento das tecelagens em solo brasileiro. Informações oficiais, pelo menos as relativas à Capitania de São Paulo, mostravam-se tranqüilizadoras, principalmente quando o próprio governador afirmava, em 1788, não ter notícias de "fábricas de qualidade alguma das proibidas"[1].

1. DI, v. 45, p. 18.

Desde que esta ameaça havia aparentemente desaparecido, Portugal pôde dedicar-se à demorada e difícil luta de repressão ao contrabando de tecidos no litoral do Brasil. Uma das fórmulas de coibi-lo seria estimular o consumo colonial das manufaturas do Reino. Para isso solicitava-se, a partir de 1802, uma relação dos tecidos de maior aceitação e instituíam-se prêmios, em especial honoríficos, aos promovedores do uso e consumo das manufaturas nacionais. E ademais, as pessoas que comparecessem às audiências ou à presença de autoridades governamentais deviam estar vestidas "com tecidos de Lã, Seda ou Algodão, que sejam manufaturas do Reino ou das que são permitidas nos domínios de SAR"[2].

A Coroa espanhola, desde o início da colonização, nada fez para entravar a expansão de uma ativa indústria artesanal em suas possessões americanas, chegando mesmo a organizar o contrabando em seus domínios através do comércio com o Oriente[3]. O desenvolvimento industrial em certas áreas da América Espanhola, em fins do século XVIII, embora não resultasse diretamente de política econômica da Espanha, beneficiou-se com a situação internacional com a condição da indústria peninsular e com a ruptura anglo-espanhola de 1796.

A administração portuguesa, em fins do século XVIII, mais vigilante no tocante à existência de manufaturas coloniais e ao contrabando, tolerava, no entanto, legalmente o lucrativo comércio oriental no Brasil facilitando assim a larga importação de produtos asiáticos. José Roberto do Amaral Lapa[4] aventou a hipótese que estes seriam enviados não só para outras capitanias, como também para outras partes do continente e até para fora dele, tendo em vista o avultado volume dos produtos de-

2. AE, *Avisos e Cartas Régias*, livro 173, p. 320. D. Rodrigo de Souza Coutinho e Antônio de Mello e Castro.
3. PIERRE CHAUNU, *História da América Latina*, trad. de Miguel U. Rodrigues, 2.ª ed., S. Paulo, DIFEL (col. "Saber Atual"), 1971, pp. 50 e 51.
4. JOSÉ ROBERTO DO A. LAPA, *A Bahia e a Carreira da Índia*, S. Paulo, Ed. Nacional e Ed. USP, 1968, pp. 274 e 277. As mercadorias tinham trânsito obrigatório por Lisboa, onde estavam sujeitas à ação fiscal arrecadadora da Casa da Índia, sendo daí reexportadas para as colônias. Em 1698 a Alfândega recebeu ordens oficiais para não despachar mais droguetes, pro-

sembarcados no porto de Salvador, a série de limitações do mercado consumidor brasileiro e a política comercial portuguesa.

A abertura dos portos brasileiros ao comércio internacional, por intermédio da Carta-Régia de 28 de janeiro de 1808, embora sujeitando as mercadorias estrangeiras ao pagamento de 24% de direitos de entrada *ad valorem*, atraiu algumas nações interessadas. Lemos Brito[5] incluiu a Inglaterra, os Estados Unidos e a Suécia entre os países que primeiro se aproveitaram do comércio livre.

A posição geográfica dos Estados Unidos, sua atuação no comércio da rota do Cabo Horn anterior ao século XIX, e a circunstância de estarem "neutros" na guerra européia, eram fatores a encorajá-los a tentarem decidida tomada de posição no Brasil[6]. Henri Hill, cônsul americano na Bahia, enviou em 1809 ao secretário de Estado, James Madison, uma carta com memorando anexo, relacionando os artigos e produtos manufaturados nos Estados Unidos que podiam ter aceitação nos portos do Rio de Janeiro e Salvador. Certos tecidos[7], observava ele, eram sobremaneira procurados, porém o estoque dos artigos ingleses bastava para os próximos anos. Referia-se, ainda, à volumosa carga de tecidos de nanquim, procedente de Cantão e sugeria carregamentos de cambraias lisas, bretanhas, platilhas, tafetás, cetins e veludos em virtude de sua raridade no mercado[8].

A centuplicação das vendas americanas no Brasil em 1810 e 1811, em comparação a 1809, derivou em parte da presteza com que os Estados Unidos utilizaram o deta-

curando-se com isso, evitar maior gasto e luxo por parte dos moradores da colônia, como forçar o consumo apenas dos panos fabricados em Portugal.

5. JOÃO GABRIEL DE LEMOS BRITO, *Pontos de Partida para a História Econômica do Brasil*, Rio de Janeiro, Typ. do Annuario do Brasil, 1923, p. 419.
6. ANTÔNIA FERNANDA P. DE ALMEIDA WRIGHT, *Desafio Americano à Preponderância Britânica no Brasil (1808-1850)*, Rio de Janeiro, Imprensa Nacional, 1972, p. 120.
7. Casemiras, pano de lã grosso, de lã azul, flanela, cetineta, chita, fustão, musselinas.
8. HENRI HILL, *O Comércio do Brasil em 1808*, trad. de Gilda Pires, Ed. do Banco da Bahia, nota e organização de Luís H. Dias Tavares, 1964.

lhado levantamento comercial do Cônsul Henri Hill[9].

Embora os norte-americanos não contassem ainda no final do século XVIII com uma retaguarda industrial comparável à da Inglaterra, eram seus ativos competidores no comércio de transporte marítimo, baseado no navio à vela, em cujo aperfeiçoamento se esmeraram. Dessa forma não é improvável supor, verificando-se o rol das mercadorias e os contatos comerciais mantidos com a Europa, que grande parte dos artigos têxteis entraram em nossos portos através de navios americanos.

A pendência pela conquista do mercado brasileiro logo após a abertura dos portos resumiu-se notadamente na rivalidade entre americanos e ingleses, tendo estes últimos levado a pior pois sofreram de início sérios reveses, como falência, baixa de preços, o que obrigou a vendas a retalho, à hasta pública, envio de mercadorias para cidades do interior e reexportação para as colônias espanholas, em particular Buenos Aires[10].

Os privilégios obtidos pelos ingleses por intermédio do conhecido Tratado de 1810 propiciaram inúmeras vantagens econômicas, sobretudo no tocante aos direitos de entrada nas alfândegas do Brasil. As mercadorias inglesas pagavam apenas 15% *ad valorem,* enquanto as portuguesas pagavam 16%. Os demais países continuavam a pagar 24%, constituindo tal discrepância razão para afastar de campo os mais temíveis competidores.

Há relativa unanimidade entre historiadores e economistas na avaliação dos efeitos do Tratado de 1810 sobre a industrialização brasileira. Roberto Simonsen apontou "a impossibilidade de se montarem indústrias no país". Caio Prado Jr. demonstrou que a concorrência das mercadorias estrangeiras inutilizou os ensaios industriais, principalmente no setor têxtil e metalúrgico, que se mostravam tão promissores após a fixação da Corte Portuguesa no Brasil. Celso Furtado, apesar de evidenciar as dificuldades

---

9. ANTÔNIA FERNANDA P. DE ALMEIDA WRIGHT, *op. cit.*, p. 158. A autora baseou-se nas estatísticas de Timothy Pitkins, que indicou inclusive o montante desse comércio.

10. OLGA PANTALEÃO, "A Presença Inglesa", in: *História Geral da Civilização Brasileira*, S. Paulo, DIFEL, 1962, t. 2, v. 1, p. 77.

criadas, indiretamente, ou agravadas, pelas limitações impostas ao governo brasileiro pelo Tratado comercial de 1810, assinalou que não tem fundamento a crítica corrente de que este impossibilitou a industrialização do Brasil, retirando das mãos do governo o instrumento do protecionismo. Nícia Vilela Luz, enfocando-o sob uma perspectiva histórica, afirmou que o acordo comercial de 1810 atuou no sentido de retardar experiências, viáveis ou não economicamente, que de outro modo ter-se-iam já incorporado à nossa formação industrial[11].

A livre importação de artigos estrangeiros congêneres atuou como agente repressor de atividade industrial em diversas áreas da América Espanhola. Pedro Santos Martinez[12], em trabalho sobre as indústrias do Prata durante o último terço do século que precedeu à emancipação, refere que a ativa e intensa afluência de mercadorias espanholas e estrangeiras, a partir de 1778, data da disposição real para o comércio livre, provocou a decadência da indústria rio-platense e atingiu em particular, o setor têxtil. Os mesmos efeitos nocivos foram verificados nas economias do Chile e Peru que tiveram arruinadas as poucas fábricas florescentes que ali existiam.

As aspirações econômicas dos britânicos no Brasil haviam encontrado um inteligente porta-voz na figura do brasileiro José da Silva Lisboa, que em seus primeiros livros manifestara uma estreita ligação com o pensamento de Smith. A argumentação utilizada em defesa do desenvolvimento gradual das indústrias no Brasil, recomendando uma lenta transição das mais grosseiras para as mais aperfeiçoadas, e a irrestrita importação de mercadorias estrangeiras pelos benefícios que traria ao Esta-

11. Cf. ROBERTO SIMONSEN, *História Econômica do Brasil (1500-1822)*, 6.ª ed., S. Paulo, Ed. Nacional, 1969 (col. Brasiliana), p. 404; CAIO PRADO JR., *História Econômica do Brasil*, S. Paulo, Ed. Brasiliense, 1959, pp. 138 e 139; CELSO FURTADO, *Formação Econômica do Brasil*, S. Paulo, Ed. Nacional, 1971, p. 99; NÍCIA VILELA LUZ, "As Tentativas de Industrialização no Brasil", in: *História Geral da Civilização Brasileira*, S. Paulo, DIFEL, t. 2, v. 4, 1971, p. 32.

12. *Op. cit.*, pp. 148 e 149. O autor refere-se aos trabalhos de G.O.E. TJARKS, *Um Informe Comercial Sanjuanino...*, pp. 209 e 210 e de RAMIREZ NECOCHEA, *Antecedentes Econômicos de La Independencia do Chile*, pp. 41-43.

do e ao povo, mostrou-se perfeita no plano teórico[13], mas coincidia exatamente com os interesses ingleses. Com efeito, os países que marchavam na vanguarda da arrancada industrial pretendiam dispor da possibilidade de abafar os produtores menos evoluídos nos mercados internacionais.

2. *São Paulo e o Comércio de Tecidos*

A cidade de São Paulo e todo o território de "serra acima" permaneceram por muito tempo isolados economicamente do litoral. Entre 1765 e 1808, a política de seus governadores, embora nem sempre apresentasse decisões homogêneas e contínuas, visava aumentar a produção agrícola da Capitania, entrosando-a com a comercialização de seus produtos. Apesar disso, até quase o final do século XVIII, as viabilidades de intensificar o comércio através de Santos eram limitadas, visto que o movimento portuário mostrava-se fraco e as condições materiais insatisfatórios para o escoamento da produção[14].

Procurando desenvolver a lavoura comercial, em especial a do açúcar, no interior paulista, e atrair, ao mesmo tempo, ao porto de Santos o maior número de navios, o Governador Bernardo José de Lorena impediu o comércio de cabotagem e favoreceu a exportação direta do gênero para Portugal. A liberdade de comércio, determinada em 1798 por Melo Castro e Mendonça, permitindo que cada um levasse suas mercadorias "para onde muito bem lhe parece", contribuiu para incrementar a produção do açúcar e fixar em Santos um comércio capaz de exportá-lo[15].

As intervenções dos governadores de São Paulo na política de exportação cessaram depois da abertura dos portos por D. João VI, mas continuaram incentivando as atividades produtivas, a fim de melhorar a situação eco-

13. JOSÉ DA SILVA LISBOA, *Observações sobre o Comércio Franco no Brasil*, Rio de Janeiro, Impressão Régia, 1808, pp. 112 e 132.
14. MARIA THEREZA SCHORER PETRONE, *A Lavoura Canavieira em São Paulo*, S. Paulo, DIFEL, 1968, pp. 140, 141 e 144.
15. *Idem*, pp. 144, 146 e 147.

nômica da Capitania. A lavoura canavieira firmou-se nas primeiras décadas do século XIX e foi organizada toda a infra-estrutura indispensável à sua comercialização. As estradas, o porto, o comércio, tudo se desenvolveu em conseqüência da nova atividade[16].

A cidade de São Paulo recebeu naturalmente os influxos deste apreciável surto de prosperidade. Todavia, seu isolacionismo geográfico teria facilitado, até então, a montagem de manufaturas têxteis nos arredores da cidade e mesmo no interior da Capitania, que abasteciam o mercado interno, uma vez que as comunicações com o exterior eram dificultadas pela barreira da Serra do Mar. O melhoramento do caminho de ligação com o litoral e a abertura dos portos colocou-a em contato com novos mercados, ativando o fluxo de mercadorias, sobretudo as de procedência estrangeira.

Sua localização geográfica privilegiada, situada num complexo natural de vias de passagem e de penetração para o interior, fez dela um centro de circulação terrestre e fluvial[17]. Valeu-lhe, já no início do século XVIII, importante posição como centro abastecedor da área mineradora das Gerais. A princípio forneceria as suas poucas disponibilidades em gêneros alimentícios, lã, algodão, tecidos, roupas feitas, animais, couro e outros artigos, depois talvez já na metade do século XVIII a exportação paulista para as Minas foi se restringindo a ponto de se resumir no açúcar[18].

Desfrutando de situação estratégica, encruzilhada de caminhos que se abriam como os dedos de uma mão para diversas regiões economicamente prósperas, beneficiando-se ainda com o florescente movimento do porto de

16. *Idem*, pp. 151 e 223.
17. MARIA LUÍZA MARCILIO, *A Cidade de São Paulo. Povoamento e População (1750-1850)*, trad. autora, S. Paulo, Livraria Pioneira e Ed. USP, p. 5.
18. ALFREDO ELLIS JR. e MYRIAM ELLIS, *A Economia Paulista no Século XVIII*, S. Paulo, Universidade de São Paulo, Boletim 115 da cadeira de História da Civilização Brasileira, 1950, p. 36; AE, *Ofícios Diversos (1713-1814)*. Joaquim Ramos conduzia mercadorias para Cuiabá, inclusive 20 peças de tecidos de algodão — 200$800 réis; 1810 — José Vieira transportou para o mesmo destino 6 peças de algodão para saias e camisas — 631$000 réis.

Santos, a cidade de São Paulo transformou-se em núcleo de destaque no comércio regional. Temos a este respeito o testemunho de Saint-Hilaire que observou:

> mais não é do que um centro de depósito de mercadorias da Europa e de trânsito para os produtos do país; é-lhe indispensável o porto de Santos [19].

Seus estabelecimentos comerciais, bastante numerosos, vendiam toda espécie de artigos, tais como vidros, chapas de cobre, farinha americana, tecidos "da terra", importados e quinquilharias. O inglês Mawe, em sua visita a São Paulo em 1807, referiu-se ao elevado número de comerciantes e que, tal qual acontecia na maioria das cidades coloniais, negociavam com quase tudo, fazendo muitas vezes fortunas consideráveis [20]. Suas lojas "bem sortidas e bem arrumadas" dispunham de suprimentos tão grandes quanto as do Rio de Janeiro. Os comerciantes lá obtinham um desconto de cerca de 25% sobre os preços do varejo e não revendiam muito mais caro do que os seus colegas do Rio [21].

Entre os comerciantes de tecidos de maior projeção figuravam o paulista Antônio da Silva Prado, o inglês Guilherme Hopkins e o espanhol Thomaz Molina. Vendiam tecidos para o Hospital Militar, Seminários, Prisão e abasteciam também o Exército. O fornecimento de fazendas e mais implementos para o fardamento das tropas constituía um ambicionado negócio, pois propiciava o consumo de grandes quantidades e maiores possibilidades de lucros. Francisco Ignácio de Souza Queiroz, a 11 de outubro de 1823, em carta a seu irmão no Rio de Janeiro comentava:

> parte das fazendas foram compradas pelo Prado a vários negociantes desta cidade por um preço ordinário, e depois vendidas à Junta da Fazenda pelo duplo do que tinham custado: brim comprou-se a 420 réis a vara e foi vendido depois a 800 réis; canhões para botas feitos aqui por um seleiro a 720, entraram a 1$280 réis [22].

19. AUGUSTE DE SAINT-HILAIRE, *Viagem à Província de São Paulo*, S. Paulo, Martins e Ed. USP, 1972, p. 161.

20. JOHN MAWE, *Viagens pelo Interior do Brasil*, Rio de Janeiro, Zélio Valverde, 1944, p. 79.

21. AUGUSTE DE SAINT-HILAIRE, *Viagem à Província de São Paulo*, p. 162.

22. IHGSP, Carta do Cel. Francisco Ignácio de Souza Queiroz.

A propaganda dos tecidos comerciáveis, através de anúncios em jornais, colocou-se a serviço dos comerciantes e fabricantes, a partir de 1827, quando entrou em circulação o primeiro jornal editado na cidade de São Paulo. Tratava-se do *O Farol Paulistano* que passou a veicular entre suas notícias alguns "avisos" informando os locais de compra, liquidações e chegada de novos sortimentos de mercadorias. Por seu intermédio o Alferes Varella comunicava, nesse ano, que os tecidos de sua fábrica se achavam à venda em duas lojas localizadas nas ruas comerciais do Rosário e da Quitanda. Do mesmo modo o inglês Hopkins, proprietário de um estabelecimento comercial na Rua do Lorena, anunciava, naquele periódico, que panos pretos e azuis com "50% de rebate no preço corrente da fazenda" estavam à disposição dos interessados. Em 1830, o francês Jacques avisava que havia chegado à cidade

com um lindo sortimento de fazendas, como sejam chitas, cetins, de várias qualidades, fitas, rendas, pentes e muitos objetos, o que pretende vender por preço módico por ter pouco para demorar-se. Sua casa é na Rua Rosário [23].

Vieira Bueno observou que o movimento das lojas paulistanas não podia ser muito notável, alimentado que era por uma população pobre de cerca de quinze a vinte mil habitantes. E isto acontecia mais particularmente ainda com o uso de fazendas finas, que não podia deixar de ser restrito em razão do "singelo trajar geralmente uasdo"[24].

A vestimenta dos habitantes de São Paulo variava segundo o local em que viviam, os recursos disponíveis e o gosto específico de cada um. O naturalista francês Saint-Hilaire, em suas viagens pelas terras paulistas, constatou que homens e mulheres do interior usavam habitualmente vestes de tecidos de algodão[25]. Mawe viu, nas proximi-

---

23. *O Farol Paulistano*, S. Paulo, 1827 e 1830. "Acham-se à venda nas lojas do Sr. Capitam José Rodrigues Veloso e ajudante Antonio Justiniano de Souza moradores na rua do Rosario e de Marciano Pires de Oliveira na rua da Quitanda".
24. ERNANI SILVA BUENO, *História e Tradições da Cidade de São Paulo (1554-1828)*, Arraial de Sertanistas, Rio de Janeiro, Livraria José Olympio Ed., 1953, v. 1, p. 319.
25. SAINT-HILAIRE, *Viagem à Província de São Paulo*, pp. 171 e 250. Os habitantes das localidades vizinhas a São

dades de S. José, mulheres do campo vestidas com tecidos estampados ingleses, trazendo sobre o ombro mantilhas de lã debruadas de renda dourada ou de veludo de Manchester[26]. As mais ricas, quando iam à igreja ou a passeio, usavam roupas de seda preta com longo véu da mesma fazenda, substituídas no inverno pela casemira e baeta e pelo véu de seda, não raro por uma capa de lã grossa[27].

Os tecidos de algodão, por suas diversas utilidades e preços acessíveis, mostravam-se adequados ao vestuário e arranjos de casa da população, podendo ser aproveitados tanto na confecção de colchões, lençóis, mosquiteiros, roupas em geral, como no fardamento das tropas e velames das embarcações. Prestavam-se ainda ao empacotamento de objetos e gêneros.

Os inventários de ricos moradores da cidade de São Paulo, por volta de 1820, atestam seu amplo emprego inclusive pelas camadas mais abastadas e não apenas pelos mais pobres e pela escravaria. Por outro lado, o depoimento de Mawe, acima referido, mostra que tipos mais refinados de fazendas eram empregados até mesmo pelas mulheres do campo.

O recrutamento em larga escala e a constante demanda de uniforme tornavam o exército consumidor em potencial de artigos têxteis. Com efeito, o 7.º Batalhão de Caçadores adquiriu, apenas no segundo semestre de 1826, grande variedade de tecidos: 1 720 varas de brim, 687 varas de algodão, 346 e 1/2 varas de pano azul, 104 varas de algodão para forros, 36 varas de baetas pretas, e 21 bandos de lã. Os gastos com tecidos atingiram a cifra de 1:134$296 réis[28]. Os tecidos de algodão eram utilizados em camisas e forros; pano azul em fardetas, calças, capotes e bonés; baeta preta em dragonas, pano azul-claro em canhões e golas; brim em calças e lã em bandos.

Paulo, quando percorriam a cidade, usavam calças de tecidos de algodão e um grande chapéu cinzento.

26. JOHN MAWE, op. cit., p. 193.

27. THEODORO SAMPAIO, São Paulo no Século XIX, Revista do Instituto Histórico e Geográfico de São Paulo, (6):170, 1902.

28. AE, Livro 687. Receita do Fardamento do 7.º Batalhão de Caçadores (jul./dez. 1826). Contém uma única página.

A necessidade de vestimentas mais baratas para os órfãos e escravos dos Seminários de Santana e Nossa Senhora da Glória justificava a preferência pelos tecidos de algodão e o menor consumo de baetas, brins e gangas. Em 1828, os algodões americanos serviam para confeccionar lençóis e roupas dos órfãos, enquanto os "da terra' destinavam-se à escravaria[29]. O Hospital Real Militar da cidade fez, em 1820, despesas no valor de 347$340 réis, para aquisição de baetas, algodões lisos, riscados e holandas[30]. Os colchões e lençóis eram feitos de tecidos de algodão, os travesseiros de holandas, enquanto as vestimentas de baetas e riscados.

A utilidade e a relativa barateza dos tecidos de algodão de fabricação paulista não garantiam sua completa hegemonia no mercado interno. A concorrência com tecidos congêneres de procedência estrangeira, a rivalidade inter-regional[31], a ampla preferência do consumidor por qualidades variadas de têxteis, comprovada pelas tabelas de importação, eram fatores suficientes para asfixiar as frágeis possibilidades de expansão mercantil da indústria local.

3. *A Importação e a Exportação de Tecidos através do Porto de Santos. Mercados, Volume e Preços.*

Apesar da crescente importância adquirida pelo porto de Santos nas primeiras décadas do século XIX, como

29. AE, *Ofícios Diversos da Capital*, 866, cx. 71, pasta 2. Livro de Despesas do Seminário (1828-1829); *Ofícios Diversos da Capital*, 865, cx. 70, pasta 3, d. 87. Em 1827: 89 varas de algodão "da terra" e 10 côvados de baeta; em 1828: 22 varas de tecidos de algodão, 4 varas de algodão americano e 1/2 vara de brim; em 1829: 47 varas de algodão americano, 23 varas de algodão "da terra" e uma peça de ganga inglesa; AE, *Ofícios Diversos da Capital*, 865, cx. 70, p. 2, d. 69: 20$000 réis pagos a D. Thomaz correspondentes a fazendas adquiridas pelo Sem. N. S. da Glória.

30. AE, *População da Capital (1818-1827)*, 36, cx. 36. Orçamento das roupas necessárias para a cama dos doentes do Hospital Real Militar: 220 côvados de baeta, 200 varas de pano de algodão, 66 varas de algodão e 20 côvados de holanda.

31. AE, *Ofícios Diversos de Santos de 1829*, 1207, cx. 412. A Intendência da Marinha da Província de São Paulo adquiriu no 1.º semestre de 1829 panos de algodão de Minas, vendidos

eixo de intensa corrente comercial que do interior demandava à Europa e a outros núcleos mercantis, e que funcionava também em sentido inverso, continuou a predominar aí a navegação de cabotagem. Pequenas embarcações, quase sempre movidas à vela, tais como sumacas, patachos, escunas, bergantins, lanchas, ligavam economicamente pontos diversos do extenso litoral.

Este meio de transporte facultou à Capitania de São Paulo participar do comércio marítimo com portos do litoral sul, tais como Iguape, Paranaguá, Rio Grande, Laguna e São Francisco e até Buenos Aires, para os quais expedia os mais variados gêneros inclusive algodão bruto, fio e tecidos.

A avaliação do montante dessas transações comerciais tornou-se possível graças à elaboração de séries de tabelas onde figuram mercados, preços, volume de tecidos importados e exportados e cujos dados extraímos dos mapas do movimento econômico do porto de Santos entre 1815 e 1830.

As cifras referentes ao ano de 1813 foram obtidas nos quadros estatísticos dos naturalistas Spix e Martius[32], que omitiram, nas quantidades enumeradas, as unidades de comprimento, preços, mercados, impossibilitando assim o cálculo do volume real das exportações. De acordo com estes viajantes, a exportação de algodão bruto e manufaturado nesse ano chegou a 1 224 arrobas de algodão bruto, 66 peças de fio de algodão e 4 664 peças de algodão listrado.

Conforme a Tabela 10, a exportação de tecidos de algodão, em 1815, atingiu 86 843 varas. Iguape e Paranaguá adquiriram 74% do total de têxteis paulistas exportados, ao passo que Rio Grande, Buenos Aires, Rio de Janeiro, Laguna e São Francisco conjuntamente absorveram 26%. Convém notar que, em relação a 1813, houve acentuado declínio na exportação de algodão em rama que de 1 224 baixou para 24 arrobas.

por João Bastos no valor de 19$040 réis. A quantia é pequena mas comprova a existência de comércio dos tecidos de algodão mineiros em São Paulo.

32. J. B. SPIX e C. F. P. VON MARTIUS, *Viagem pelo Brasil*, trad. de Lúcia F. Lahmeyer, Rio de Janeiro, Imprensa Nacional, 1938, p. 228.

Tabela 10. Exportação de tecidos e algodão em rama através de Santos em 1815

LOCAIS	TECIDOS (em varas)	ALGODÃO EM RAMA (em arrobas)	VALOR UNITÁRIO (em varas)	TOTAL
Iguape	33 613	—	$160	5:378$280
Paranaguá	30 561	—	$160	4:889$000
Rio Grande	8 352	—	$160	1:326$000
Buenos Aires	6 100	—	$160	976$000
Rio de Janeiro	5 601	—	$160	896$160
		24	3$000	72$000
Laguna	2 366	—	$160	378$560
São Francisco	250	—	$160	40$000
TOTAIS	86 843	24		13:955$800

Fonte: AE, Ofícios Diversos de Santos etc. (1802-1818), 353, cx. 103. Mapa de Importação e Exportação do Porto de Santos em 1815.

A proporção entre os valores do algodão bruto e tecidos exportados foi respectivamente 72$000 e 13:883$800 réis.

Em contrapartida, conforme a Tabela 11, entraram na Capitania de São Paulo, em 1815, procedente do Porto, Lisboa, Pernambuco, Rio de Janeiro e Santa Catarina, uma imensa variedade de tecidos, dos quais os mais requisitados eram as baetas, chitas inglesas, baetões, chitas de fábrica, fustão, metim, garrazes, sanas e gangas. As fazendas mais caras, tais como durantes, serafinas, saetas que custavam 11$000 réis a peça e as cassas finas que custavam 8$000, tinham menor consumo.

As chitas inglesas desfrutavam, nesse ano, a preferência no mercado interno paulista, comprovada pela importação total de 101 872 côvados em relação a 23 023 côvados das portuguesas. Esta discrepância poderia ser explicada em função do preço, uma vez que o artigo inglês era vendido aí pela metade do valor, diferença condicionada, em parte, pela vantagem de 1% que auferia nas alfândegas brasileiras em comparação à mercadoria fabricada em Portugal.

O cálculo relativo ao estado da concorrência estrangeira no setor têxtil em São Paulo foi prejudicado pela falta de informes sobre a procedência dos tecidos nos mapas de importação e exportação do porto de Santos. Com exceção das chitas e bretanhas, a origem das demais qualidades de fazendas importadas é desconhecida.

O Rio de Janeiro conquistara importância econômica após a abertura dos portos, apresentando um crescente movimento portuário de navios e mercadorias assim constituindo um grande centro consumidor e distribuidor de artigos. Com efeito, entraram em Santos, através daquele porto, em 1815, tecidos no valor de 289:316$220 réis, quando o total das importações têxteis da Capitania de São Paulo foi 297:620$580 réis. Os contatos comerciais diretos com portos de Portugal, como Lisboa e Porto, mostravam o diminuto volume dessas transações.

Em 1816 verificou-se uma retração de 50% no consumo global de tecidos de algodão no mercado sulino, tendo sido exportados através de Santos aproximadamente 46 965 varas. Embora houvesse ligeira queda nos preços, que passaram de 160 para 150 réis a vara, ocorreu uma diminuição das vendas e perda dos centros consumidores do Rio de Janeiro e Laguna. O algodão em rama desapareceu do mapa das exportações e apenas 15 arrobas de fio foram enviadas para o Rio Grande. Desta crise escapou o porto de São Francisco, que apresentou um acréscimo de 5 823 varas nas importações de tecidos em relação ao ano anterior[33].

Estas dificuldades econômicas que atingiram o comércio regional paulista dominaram também o internacional. O fim das guerras napoleônicas e o restabelecimento da paz colocaram um ponto final no surto econômbico do Brasil do último período colonial. Os produtos brasileiros básicos, como o açúcar e o algodão, refletindo a conjuntura, sofrem baixa de preços, retração de mercados e violenta concorrência estrangeira. A exportação do algodão declinou em virtude do aumento de produção algodoeira nos Estados Unidos[34].

Expediram-se, nos anos de 1815, 1816 e 1818, pequenas quantidades de fio e tecidos de algodão para o porto de Buenos Aires, um dos eixos do comércio marítimo de Santos. Este intercâmbio alcançou seu auge em 1815, quando foram aí vendidas 6 100 varas de tecidos de algodão, mas apresentou notável declínio nos anos posteriores. É bem possível que a penetração comercial paulista no mercado rio-platense se tenha restringido com a grande infiltração de mercadorias européias decorrente do estabelecimento do comércio livre e da abertura do porto de Buenos Aires em 1809, que abafou inclusive a florescente indústria têxtil centrada no Alto Peru, Córdoba e Tucumã[35].

A retração de 50% no consumo de tecidos de algodão produzidos em São Paulo verificada em 1816 não se

33. Vide Tabela 12.
34. VIRGÍLIO NOYA PINTO, "Balanço das Transformações Econômicas do Século XIX", in: *Brasil em Perspectiva*, 2.ª ed., S. Paulo, DIFEL, 1969, pp. 131 e 132.
35. EMANUEL SOARES DA VEIGA GARCIA, *Buenos Aires e Cadiz. Contribuição ao Estudo do Comércio Livre*, S. Paulo (Coleção da *Revista de História*), 1974, pp. 84 e 85. O autor mostra que a introdução de artigos europeus anulou praticamente o consumo dos artigos produzidos na hinterlândia platina; PEDRO SANTOS MARTINEZ, *Las Industrias Durante el Virreinato*, pp. 152 e 156.

Tabela 11. Importação de tecidos através de Santos em 1815

LOCAIS	QUALIDADE	QUANTIDADE (em varas) côvados, peças)	VALOR UNITÁRIO (em réis)	TOTAL
Porto	linho	3.498 vs.	$500	1:749$000
Lisboa	seda	1 ps.	1$200	27$200
	bertanha (fr.)	175 ps.	5$000	875$000
	garrazes	240 ps.	3$200	768$000
	seda	7 ps.		173$400
	paninhos	50 ps.	5$000	250$000
	zuarte	10 ps.	5$000	50$000
Pernambuco	baetas	190 cs.	$600	114$000
	chitas	337 cs.	$480	161$760
	chitas inglesas	1.900 cs.	$240	4:136$000
Rio de Janeiro	baetas	110.770 cs.	$600	66:462$000
	baetões	23.890 cs.	$850	20:306$500
	sedas, cetim, tafetá	854 ps.		10:520$000
	chitas inglesas	99.972 cs.	$240	23:993$280
	chitas fábrica	22.686 cs.	$480	10:889$280
	linho	8.462 vs.	$500	4:231$000
	panos	20.820 cs.	2$000	41:640$000

casemira	6.109 cs.	1$500	9:163$500
droguete	5.950 cs.	$500	2:975$000
durantes, saeta, serafina	185 ps.	11$000	2:025$000
bertanha	463 ps.	3$600	1:666$800
crés, rouens	234 ps.	9$000	2:100$000
holandas cruas	320 ps.	9$000	2:880$000
gangas assuc.	4.750 ps.	$900	4:275$000
gangas azuis	1.379 ps.	2$500	3:447$500
zuarte	98 ps.	5$000	490$000
cassas finas	127 ps.	8$000	1:016$000
garrazes, sana, cassa grossa	8.807 ps.	3$600	31:714$200
panos de toda qualidade	4.991 ps.	5$000	24:955$000
irlanda, platilha	1.092 ps.	7$000	7:644$000
belbute e belbutina	10.475 cs.	$600	6:285$000
fustão, metim	22.341 cs.	$360	8:042$760
cadeais, surrates	2.304 ps.	1$100	2:534$400
riscado, linho e algodão	150 vs.	$400	60$000
Santa Catarina			
TOTAIS			297:620$580

Fonte: AE, Ofícios Diversos de Santos (1802-1818), 353, cx. 103. Mapa de Importação e Exportação do porto de Santos em 1815.

Tabela 12. Exportação de Tecidos e de Fio de Algodão através de Santos em 1816

LOCAIS	TECIDO (em varas)	FIO (em arrobas)	VALOR UNITARIO (em réis)	TOTAL
Paranaguá	21 820	—	$150	3:273$000
Iguape	19 950	—	$150	1:942$500
São Francisco	20 pac. faz.	—		1:068$700
Rio Grande	6 073	—	$150	910$950
	4 988	—	$150	748$200
		15	8$000	120$000
Santa Catarina	750	—	$150	112$500
Buenos Aires	364	—	$150	54$600
TOTAIS		15		8:230$450

Fonte: Boletim do Departamento do Arquivo do Estado de São Paulo (1721-1822), *S. Paulo, Tip. Globo, 1942,* maço I, pp. 59/77.

fez acompanhar por proporcional diminuição das importações de têxteis estrangeiros. Baetas, chitas inglesas e portuguesas continuavam a ter maior aceitação, porém os baetões e o fustão cederam lugar para as casimiras e belbutes na preferência dos consumidores. As oscilações nos preços dos tecidos não mostravam uma tendência uniforme para baixa, visto que muitos se mantiveram estáveis, tais como baetas, droguetes, zuarte, casimiras, linho, irlanda, platilha, cassas finas.

As chitas tiveram uma redução de 20% em seu valor e ligeiro aumento no consumo em comparação aos tecidos importados em 1815. A concorrência entre as de procedência inglesa e portuguesa favorecia sobremaneira o artigo inglês que, como já vimos, custava a metade do preço. As cifras da Tabela 13 referentes à importação de chitas são tão expressivas quanto as da Tabela 11, pois só pelo porto do Rio de Janeiro entraram em 1816 na Capitania de São Paulo, por via marítima, 116 094 côvados de chita inglesa e apenas 30 545 côvados da congênere portuguesa.

O maior volume e variedade de tecidos provinha do porto do Rio de Janeiro que figurava nos mapas de importação como o principal centro redistribuidor de tecidos. A comparação do volume de fazendas chegadas a Santos através do Rio de Janeiro com o de outros portos tais como Lisboa, Porto, Pernambuco e Bahia comprovam sua importância. Em 1816 num total de 257:002$170 réis equivalentes a tecidos importados, 247:052$902 réis correspondiam ao porto do Rio de Janeiro.

Conforme a Tabela 14, saíram de Santos, em 1818, com destino a Iguape, Paranaguá, Rio Grande e Rio São Francisco 49 607 varas de tecidos de algodão no valor de 8:548$180 réis. O algodão bruto e o fio começaram novamente a aparecer nas exportações para o Rio de Janeiro, Rio São Francisco e Buenos Aires em função da baixa dos preços do produto manufaturado e aumento dos preços destes artigos, que alcançaram respectivamente 9$600 e 6$400 réis. Os dois primeiros portos absorveram 127 e 104 arrobas de algodão em rama, equivalente a 1:478$400 réis e o terceiro 13 arrobas de fio no total de 124$800 réis.

Pelo alvará de 25 de abril de 1818 as mercadorias portuguesas sujeitas a 16% de direitos de entrada pas-

Tabela 13. Importação de tecidos em 1816

LOCAIS	QUALIDADE	QUANTIDADE (em varas, peças e côvados)	VALOR UNITÁRIO (em réis)	TOTAL
Porto	linho	5 490 vs.	$500	2:745$000
	sedas	13 ps.	$500	391$000
	baetas	298 vs.	$600	178$000
	fustão	361 cs.	$360	129$960
Lisboa	chitas	1 604 cs.	$400	44$400
	brim	2 ps.	8$000	16$000
	ganga assuc.	10 ps.	$800	100$000
	ganga azul	200 ps.	2$000	400$000
	sedas	10 ps.		312$000
Pernambuco	baetas	300 cs.	$600	180$000
	casemiras	120 cs.	1$200	144$000
	belbutes	80 cs.	$640	51$200
	cassas finas	10 ps.	8$000	80$000
	chitas inglesas	6 318 cs.	$200	1:265$600
	chitas fábrica	740 cs.	$400	296$000
	fustão	1 000 cs.	$320	320$000
	irlanda e platilha	20 ps.	7$000	140$000
	crés e rouens	23 ps.	9$000	307$000
	garrazes, sanas e cassas grossas	60 ps.	3$600	576$000
Bahia	Idem	37 ps.	3$600	133$200
	irlanda e platilha	4 ps.	7$000	28$000
	cassas finas	7 ps.	7$000	49$000
	chitas inglesas	9 478 cs.	$200	1:895$000

Rio de Janeiro	ganga azul	20 ps.	2$400	48$000
	bertanha	20 ps.	3$600	72$000
	fustão	161 cs.	$320	51$520
	baetas	82 757 cs.	$600	49:654$200
	baetões	18 958 cs.	$800	15:166$400
	panos de toda qualidade	20 325 cs.	2$000	40:650$000
	garrazes, sanas e cassas grossas	117 ps.	3$600	27:126$000
	casemira	30 502 cs.	1$500	5:253$000
	droguete	2 917 cs.	$500	1:458$500
	durantes, saetas e serafinas	113 ps.	9$000	1:017$000
	sedas, setins e tafetás	219 ps.		6:542$470
	chitas inglesas	116 094 cs.	$200	23:218$800
	chitas fábrica	30 545 cs.	$400	12:218$000
	linho	4 731 vs.	$480	567$680
	bertanhas	1 043 ps.	3$600	3:754$800
	crés e rouens	61 ps.	9$000	549$000
	holandas cruas	337 ps.	9$000	3:033$000
	gangas assuc.	6 710 ps.	$800	5:368$000
	gangas azuis	2 388 ps.	2$400	5:731$200
	zuarte	180 ps.	5$000	900$000
	cassas finas	387 ps.	8$000	3:096$000
	panos de toda qualidade	2 798 ps.	5$000	13:990$000
	irlanda e platilha	981 ps.	7$000	6:868$000
	belbute e belbutinas	22 069 cs.	$600	13:241$400
	fustões e metim	19 184 cs.	$360	6:906$240
	brim	58 ps.	12$800	742$400
TOTAIS				257:002$170

Fonte: AE, Boletim... (1721-1822), S. Paulo, Tip. Globo, 1942, pp. 59/77.

Tabela 14. Exportação de tecido, fio e algodão em rama através de Santos em 1818

LOCAIS	TECIDO (em varas)	FIO (em arrobas)	EM RAMA (em arrobas)	VALOR UNITARIO (em réis)	TOTAL
Iguape	23 911	—	—	$140	3:347$540
Paranaguá	17 481	—	—	$140	2:447$340
Rio de Janeiro	—	—	127	6$400	812$800
Rio Grande	5 186	—	—	$140	726$040
São Francisco	—	—	104	6$400	665$600
	3 029	—	—	$140	424$060
Buenos Aires	—	13	—	9$600	124$800
TOTAIS	49 607	13	231		8:548$180

Fonte: AE, Boletim... (1721-1822), *S. Paulo, Tip. Globo, 1943, maço I, v. 3, pp. 40/58.*

sariam a pagar 15% e as estrangeiras que fossem transportadas em navios de construção e equipagem portuguesa poderiam abater nas alfândegas do Brasil 5%, a título de prêmio, nos direitos obrigatórios de 24%. Esta medida parece ter influenciado a sensível baixa de preços, observada na Tabela 15, das baetas, linhos, irlandas, gangas, platilhas, cassas finas, zuarte e chitas de fabricação portuguesa. Sofrendo uma diminuição aproximada de 38% em seu valor, as chitas portuguesas não conseguiram superar ou igualar o consumo das inglesas e, apesar da equiparação de preços, chegaram ao porto de Santos provenientes do Rio de Janeiro somente 18 750 côvados em relação aos 76 850 côvados do artigo inglês. Cambraias francesas, brim, holandas, baetas e serafinas, que eram os tecidos mais caros, continuavam a ser adquiridos em pequena quantidade.

A baixa de preços de determinados tecidos estrangeiros associada à redução no consumo de chita, holanda, fustão, metim, zuarte, casimira, durante, saeta, serafina, platilha, não desequilibrou os valores totais das importações têxteis da Capitania de São Paulo que globalizaram a importância de 294:137$640 réis, da qual 269:202$400 réis equivalentes às transações efetuadas por intermédio do porto do Rio de Janeiro.

As vendas de tecidos de algodão paulistas sofreram um abatimento gradativo no litoral sul entre 1815 e 1819. Neste ano foram exportadas 52 265 varas que totalizaram a quantia de 6:795$660 réis. Os intercâmbios regulares mantidos com Iguape e Paranaguá debilitavam-se cada vez mais, não obstante o decréscimo da vara de tecido que chegou a 140 réis. Esperanças de melhoria do mercado devem ter surgido desde que o porto da Bahia passou a figurar, em 1819, como centro consumidor de têxteis paulistas, mas sua aparição foi efêmera nos mapas de exportação de Santos. É bem possível que o dinâmico comerciante Antônio da Silva Prado tenha sido o responsável pela remessa para lá, em 1819, de 16 518 varas de tecidos de algodão[36].

36. IHGSP, *2.º Copiador das Cartas de Antônio da Silva Prado*, v. 19, Carta de abril de 1819 a João Froes na Bahia: "me fará Vmce. mandar as Fazendas que tenho-lhe pedido"; Carta a João Froes em maio de 1819: "e deverá vender os algodões em seu poder pelo estado da terra".

Tabela 15. Importação de tecidos através de Santos em 1818

LOCAIS	QUALIDADE	QUANTIDADE (em côvados, varas e peças)	VALOR UNITÁRIO (em réis)	TOTAL
Porto	seda			518$500
	linho	5 843 vs.	$480	2:804$640
Lisboa	chitas fábrica	8 500 cs.	$250	2:125$000
	brim	20 ps.	12$000	240$000
Pernambuco	chitas inglesas	320 cs.	$250	80$000
Bahia	baeta	2 010 cs.	$560	1:125$600
	baetas toda qualidade	720 cs.	$700	648$000
	pano	760 cs.	2$100	1:596$000
	chitas fábrica	2 200 cs.	$250	550$000
	chitas inglesas	40 100 cs.	$250	10:025$000
	fustão	890 cs.	$350	311$500
	casemira	1 200 cs.		1:680$000
	gangas	820 ps.	$800	656$000
	gangas azuis	153 ps.	2$000	306$000
	cassas finas	164 ps.	5$000	820$000
	belbutinas	320 cs.	$600	192$000
	zuarte	255 ps.	4$800	1:224$000
	holandas	3 ps.	10$000	30$000
Rio de Janeiro	baetas	84 400 cs.	$560	47:264$000
	baetas toda qualidade	18 350 cs.	$900	16:515$000

pano	21 500 cs.	2$100	45:150$000
sedas, setins, tafetás			9:400$000
linho	8 900 vs.	$480	4:272$000
chitas fábrica	18 750 cs.	$250	4:687$500
chitas inglesas	76 850 cs.	$250	19:213$500
casemira	14 700 cs.	1$400	20:580$000
saetas e serafinas	60 ps.	10$500	630$000
gangas	18 760 ps.	$800	15:608$000
gangas azuis	6 324 ps.	2$000	12:648$000
bertanha toda qualidade	1 657 ps.	3$600	5:965$200
paninho	2 900 ps.	5$000	14:500$000
cassas finas	210 ps.	5$000	1:050$000
cambraias francesas	10 ps.	25$000	250$000
garrazes e sanas	9 500 ps.	3$600	34:200$000
fustão e metim	18 300 cs.	$350	6:405$000
zuarte	160 ps.	4$800	768$000
crés e rouens	280 ps.	6$000	1:680$000
belbutes, belbutinas	90 ps.	$600	1:950$000
holandas cruas	225 ps.	10$000	2:250$000
platilhas	633 ps.	6$000	3:798$000
Santa Catarina garrazes e sanas	111 ps.	3$600	421$200
TOTAIS			294:137$640

Fonte: AE, Boletim... (1721-1822), S. Paulo, Tip. Globo, 1943, maço I, v. 3, pp. 40/58.

Tabela 16. Exportação de tecidos de algodão através de Santos em 1819

LOCAIS	TECIDOS (em varas)	VALOR UNITÁRIO (em réis)	TOTAL
Iguape	18 568	$130	2:415$140
Bahia	16 518	$130	2:147$340
Paranaguá	6 700	$130	871$000
Laguna	5 411	$130	703$340
Santa Catarina	4 554	$130	592$020
São Francisco	514	$130	66$820
TOTAIS	52 265		6:795$660

Fonte: AE, Passaportes e Requerimentos (1820-1822), *321, cx. 79. Mapa de Importação e Exportação do porto de Santos em 1819.*

Tabela 17. Exportação de algodão em rama através de Santos em 1819

LOCAIS	ALGODÃO EM RAMA (em arroba)	VALOR UNITÁRIO (em réis)	TOTAL
Lisboa	320	6$400	2:048$000
Rio de Janeiro	120	6$400	768$000
Bahia	112	6$400	716$800
Porto	15	6$400	102$400
TOTAIS	567		3:635$200

Fonte: AE, Passaportes e Requerimentos (1820-1822), *321. cx. 79. Mapa de Importação e Exportação do porto de Santos em 1819.*

O aumento das exportações de algodão em rama para Lisboa, Rio de Janeiro, Bahia e Porto, somando 567 arrobas, parece indicar interesse em vender o gênero bruto, visto que seus preços se mantinham estáveis.

Conforme a Tabela 18 as importações de tecidos atingiram 416:436$100 réis em 1819, dos quais ..... 396:120$800 réis correspondentes ao movimento do porto do Rio de Janeiro e 4:088$900 réis às transações realizadas com Lisboa e Porto.

Paralelamente à baixa dos preços de grande parte dos tecidos estrangeiros manifestou-se um aumento do consumo, visto que em 1818 entraram na cidade de São

Paulo, através do porto de Santos, 42 055 peças, 14 743 varas e 309 870 côvados de fazendas e já no ano seguinte foram importadas 43 745 peças, 19 033 varas e 364 583 côvados. As chitas, baetas, baetões, cassas grossas e gangas estavam incluídas entre os tecidos mais procurados, enquanto as casimiras, fustões, belbutes e droguetes tinham menor aceitação.

Por outro lado, conforme a Tabela 19, observava-se no mercado sulino um retraimento gradativo no tocante às quantidades e valores em réis dos tecidos de algodão exportados através de Santos. Os volumes parciais desta mercadorias comprados em Iguape, Cananéia, Porto Alegre, Paranaguá e Santa Catarina decresciam repercutindo sobre os totais verificados em 1821, quando saíram do porto de Santos apenas 32 450 varas que renderam importância de 4:867$200 réis.

Pode-se verificar, por intermédio da Tabela 21 o estado do comércio de tecidos de algodão no litoral sul, em 1826, quando ocorreu uma sensível diminuição das vendas e eclipse da maioria dos mercados. Nesse ano foram exportados apenas 3 643 varas de tecidos de algodão no valor de 566$000 réis. Nos anos seguintes, as quantidades mostraram-se, de igual modo, bastante irrisórias: 1 271 varas no valor de 2:803$340 réis em 1828; 1 761 varas equivalentes a 338$000 réis em 1829 e 8 855 varas na importância de 1:770$000 réis em 1830.

Os acordos comerciais firmados com a França, Grã-Bretanha, Irlanda, Lubeck, Bremen, Hamburgo, Áustria, Prússia, Estados Unidos e Países Baixos, a contar de 1826, ativaram a concorrência estrangeira em solo brasileiro. Alan Manchester[37] afirmou que a Grã-Bretanha, entre 1827 e 1830, conseguiu manter uma média bastante regular de exportações, e até mesmo aumentou ligeiramente suas vendas anuais, havendo assim pouca probabilidade de ascensão de um competidor bem-sucedido. Nesse período grandes suprimentos de lã, sedas, fazendas brancas, chitas, gangas e riscados entraram em São Paulo, através do porto de Santos, mas a preponderância dos têxteis ingleses não pode ser comprovada, uma vez que nos mapas de importação foram omitidas as discrimina-

37. ALAN MANCHESTER, *Preeminência Inglesa no Brasil*, Trad. Janaína Amado, S. Paulo, Ed. Brasiliense, 1973, p. 266.

Tabela 18. Importação de tecidos em 1819

LOCAIS	QUALIDADE	QUANTIDADE (em varas, côvados, peças)	VALOR UNITÁRIO (em réis)	TOTAL
Porto	linho	3 716 vs.	$500	1:858$400
Lisboa	chitas	250 ps.	$250	637$500
	gangas assuc.	50 ps.	$700	35$000
	linho	410 vs.	$500	205$000
Bahia	garrazes	452 ps.	3$000	1:356$000
	baeta	888 cs.	$500	444$000
	baetão	370 cs.	$850	314$500
	casemira	86 cs.	1$300	111$800
	droguete	250 cs.	$550	140$800
	chita inglesa	24 500 cs.	$220	5:390$000
	chita fábrica	1 669 cs.	$250	292$250
	garrazes, sanas e cassas grossas	461 ps.	3$000	1:383$000
	zuarte	113 ps.	4$200	474$600
	panos de toda qualidade	591 ps.	4$000	2:364$000
	bertanha	42 ps.	3$000	126$000
	crés, rouens	7 ps.	5$200	36$400
	fustão, metim	10 900 cs.	$350	3:815$000
	irlanda, platilha	70 ps.	5$800	406$000
	holanda	2 ps.	9$600	19$200
	belbute, belbutina	264 cs.	$500	132$000
	linho	525 vs.	$500	262$500
	seda	9 ps.		32$600
	ganga assuc.	163 ps.	$700	113$400

Rio de Janeiro	ganga azul	143 ps.	1$850	264$550
	brim	10 ps.	10$000	100$000
	baeta	135 862 cs.	$500	67:931$000
	baetão	22 347 cs.	$850	18:994$950
	casemira	10 385 cs.	1$300	13:500$500
	droguete	10 206 cs.	$550	5:613$300
	saetas, serafinas		9$000	711$000
	belbute, belbutina	9 173 cs.	$500	4:586$500
	seda, cetim, tafetá	236 ps.		7:591$700
	chita inglesa, francesa	123 580 cs.	$220	27:187$500
	chita fábrica	34 103 cs.	$250	8:525$750
	ganga assuc.	18 726 ps.	$700	131:082$200
	ganga azul	908 ps.	1$850	16:664$800
	linho	14 382 vs.	$500	7:191$000
	bertanha	1 461 ps.	3$000	4:383$000
	pano de toda qualidade	5 549 ps.	4$000	22:196$000
	fustão, metim	447 ps.	$350	5:752$600
	irlanda, platilha	1 103 ps.	5$800	6:397$400
	crés, rouens	400 ps.	2$500	1:000$000
	garrazes, sanas e cassas grossas	13 181 ps.	3$000	39:543$000
	cassa fina	343 ps.	5$000	1:715$000
	brim	74 ps.	10$000	740$000
	holanda crua	463 ps.	9$600	4:444$800
	zuarte	88 ps.	4$200	369$600

| TOTAIS | | | | 416:436$100 |

Fonte: *AE, Passaportes e Requerimentos (1820-1822), 321, cx. 79. Mapa de Importação e Exportação do porto de Santos em 1819.*

Tabela 19. Exportação de tecidos, fio e algodão em ramas em 1821

LOCAIS	TECIDO (em varas)	FIO (em arroba)	EM RAMA (em arroba)	VALOR UNITÁRIO (em réis)	TOTAL
Iguape	14 100	—	—	$150	2:115$000
Cananéia	7 700	—	—	$150	1:155$000
Rio de Janeiro	—	—	216	3$200	691$200
Porto Alegre	4 000	—	—	$150	600$000
Paranaguá	4 300	—	—	$150	645$000
Santa Catarina	1 350	—	—	$150	202$500
Rio Grande	1 000	—	—	$150	150$000
	—	10	—	8$000	80$000
TOTAIS	32 450	10	216		5:638$700

Fonte: AE, Boletim..., S. Paulo, Tip. Globo, lata 3, v. 4, pp. 56/77. Mapa de Importação e Exportação do porto de Santos em 1821.

Tabela 20. Importação de tecidos através de Santos em 1821

LOCAIS	QUALIDADE	QUANTIDADE (em varas, peças, arrobas, côvados)	VALOR UNITÁRIO (em réis)	TOTAL
Porto	linho	2 627 vs.	$450	1:182$150
	seda, cetim, tafetá			769$620
Lisboa	chitas fábrica	3 000 cs	$220	660$000
				3 000 cs.
Pernambuco	cassas finas	6 ps.	6$000	36$000
	paninho toda qualidade	8 ps.	5$000	40$000
	garrazes	9 ps.	3$800	34$200
	casemira	425 cs.	1$500	637$500
Bahia	chitas fábrica	10 410 cs.	$220	2:290$200
	chitas estrangeiras	17 120 cs.	$240	4:108$800
	sedas	2 ps.		100$000
	linho	165 vs.	$450	74$250
	riscados	55 ps.		600$000
	paninho toda qualidade	614 ps.	5$000	3:070$000
	irlanda	262 ps.	6$000	1:572$000
	cassas finas	381 ps.	6$000	2:286$000
	bertanha	40 ps.	3$200	128$000
	crés e rouens	16 ps.	6$400	102$400
	holandas	16 ps.	10$000	160$000
	garrazes, sanas, cassas grossas	155 ps.	3$800	589$000
	fustões, metim	165 ps.	$400	2:120$000
	zuarte	48 ps.	5$000	240$000
	belbutina	2 ps.	$500	28$000
	gangas assuc.	400 ps.	$800	320$000

135

Tabela 20 (continuação)

Rio de Janeiro	panos toda qualidade	28 100 cs.	2$000	56:200$900
	baetões	27 810 cs.	$850	23:638$500
	baetas	116 560 cs.	$500	58:280$000
	linho	8 197 vs.	$450	3:688$650
	chitas fábrica	44 317 vs.	$220	9:749$740
	chitas estrangeiras	8 253 cs.	$240	19:807$200
	algodão	3 685 vs.	$150	552$750
	casemira	11 100 cs.		16:650$000
	zuarte	121 ps.	5$000	605$000
	riscados	511 ps.		3:066$000
	irlandas, platilhas	1 561 ps.	6$000	9:366$000
	lonas	9 ps.	25$000	225$000
	brim	123 ps.	12$000	1:476$000
	crés e rouens	170 ps.	6$400	1:088$000
	droguetes	4 200 cs.	$500	850$000
	saetas, serafinas	18 ps.	9$000	162$000
	gangas azuis	5 764 ps.	1$900	10:951$600
	holandas	459 ps.	10$000	4:590$000
	gangas assuc.	11 321 ps.	$800	9:056$800
	belbutes, belbutinas	6 331 ps.	$500	3:315$500
	sedas, cetins, tafetás	528 ps.		20:750$000
	paninhos toda qualidade	4 678 ps.	5$000	23:390$000
	fustão, metim	15 200 cs.	$400	6:080$000
	cassas finas	547 ps.	6$000	3:282$000
	garrazes, sanas e cassa grossa	10 755 ps.	3$800	40:869$000
TOTAIS				348:838$760

Fonte: AE, Boletim..., v. 4, pp. 56/77.

Tabela 21. Exportação de tecidos através de Santos em 1826

LOCAIS	TECIDOS (em varas)	ALGODÃO EM RAMA (em arroba)	VALOR UNITÁRIO	TOTAL
Iguape	3 643	—	$140	515$000
Rio de Janeiro	—	26	1$960	51$000
TOTAIS	3 643	26		566$000

Fonte: AE, Ofícios Diversos de Santos de 1827, 1205, cx. 410. Mapa de Importação e Exportação do porto de Santos em 1826.

Tabela 22. Importação de tecidos através de Santos em 1826

LOCAIS	QUALIDADE	QUANTIDADE (em peças)	TOTAL
Liverpool	chitas e riscados	150 ps.	470$000
	belbutinas	20 ps.	180$000
	panos de toda qualidade	296 ps.	1:300$000
Lisboa	fazendas brancas	100 ps.	332$000
	gangas azuis	310 ps.	315$000
	chitas	64 ps.	369$000
Pernambuco	fazendas brancas		1:450$000
	chitas e riscados		181$000
Rio de Janeiro	lã toda qualidade		117:784$000
	fazendas brancas		113:887$000
	gangas, belbutinas, chitas e cassas		49:580$000
TOTAIS			285:848$000

Fonte: AE, Ofícios de Santos de 1827, *1205, cx. 410. Mapa de Importação e Exportação de Santos em 1826.*

Tabela 23. Exportação de tecidos através de Santos em 1828

LOCAIS	TECIDOS (em varas)	VALOR UNITÁRIO (em réis)	TOTAL
Iguape	8 514	$160	1:362$000
Paranaguá	4 112	$160	657$000
São Francisco	2 445	$160	384$340
São Sebastião	200		400$000
TOTAIS	15 271		2:803$340

Fonte: AE, Ofícios Diversos de Santos de 1828, *1206, cx. 411.*

Tabela 24. Importação de tecidos através de Santos em 1828

LOCAIS	QUALIDADE	QUANTIDADE (em peças)	TOTAL
Hamburgo	lonas, brins	62 ps.	980$000
	linho	6 ps.	55$000
Porto	gangas	120 ps.	340$000
	linho	9 ps.	80$000
	chitas, riscados	26 ps.	80$000
Lisboa	fazendas de toda qualidade	18 ps.	832$000
	ganga	296 ps.	235$000
	lã	18 ps.	480$000
Liverpool	lã	296 ps.	389$000
Londres	riscados de toda qualidade	18 ps.	1:781$000
	fazendas brancas	92 ps.	2:600$000
	ganga		360$000
Boston	lonas	70 ps.	1:896$000
Pernambuco	fazendas brancas	690 ps.	520$000
	chitas	600 ps.	850$000
	algodão americano	96 ps.	300$000
Rio de Janeiro	sedas	134 ps.	14:964$000
	lã	212 ps.	47:569$000
	fazendas brancas	60 ps.	60:374$00
	chitas, gangas, riscados		38:640$000
TOTAIS			173:325$000

Fonte: AE, Ofícios Diversos de Santos de 1828, 1206, cx. 411.

Tabela 25. Exportação de tecidos através de Santos em 1829

LOCAL	TECIDOS (em varas)	VALOR UNITÁRIO (em réis)	TOTAL
Iguape	1 761	$190	338$000
TOTAIS	1 761		338$000

Fonte: AE, Ofícios Diversos de Santos de 1829, 1207, cx. 412. Mapa de Importação e Exportação do porto de Santos em 1829.

Tabela 27. Exportação de tecidos em 1830

LOCAIS	TECIDOS (em varas)	VALOR UNITÁRIO (em réis)	TOTAL
Paranaguá	6 160	$190	1:228$000
Iguape	2 695	$200	542$000
TOTAIS	8 855		1:770$000

Fonte: AE, Ofícios Diversos de Santos de 1831, 1209, cx. 414. Mapa de Importação e Exportação do porto de Santos em 1830.

ções a respeito da origem dos artigos adquiridos no exterior. Embora o movimento mercantil de Santos com portos europeus e americanos tais como Hamburgo, Porto, Lisboa, Liverpool, Londres, Boston e Buenos Aires, possua certa expressão, o grosso das importações têxteis da Capitania de São Paulo continuava a proceder do Rio de Janeiro.

Todavia os mapas de importação revelam um aumento nos valores dos tecidos estrangeiros no final da década de 20. Coincidentemente nessa mesma época, as fiandeiras e tecelões desapareciam da cidade de São Paulo e as fábricas de tecidos aí instaladas defrontavam-se com sérios problemas de falta e elevação dos preços da matéria-prima, excesso de produção e fraca demanda.

Tabela 26. Importação de tecidos através de Santos em 1829

LOCAIS	QUALIDADE	QUANTIDADE (em peças, pacotes, caixas, fardos)	TOTAL
Hamburgo	fazendas brancas toda qualidade	12 ps.	992$000
	lã	4 ps.	580$000
	seda	16 ps.	1:000$000
	seda e linho	16 ps.	200$000
Liverpool	lã	4 ps.	1:500$000
Londres	lã	100 ps.	8:500$000
	chitas, gangas, riscados	30 ps.	400$000
	fazendas brancas toda qualidade	113 far.	13:790$000
Porto	linho	14 pac.	780$000
	chitas, gangas, riscados	20 far.	2:600$000
	seda	1 cx.	220$000
Lisboa	gangas	8 cx.	2:000$000
	seda	1 cx.	150$000
Rio de Janeiro	fazenda toda qualidade	2 696 far.	724:180$000
	algodão da terra	288 far.	8:314$000
	fazendas brancas		60:000$000
Buenos Aires	lã	17 ps.	9:000$000
	seda	30 ps.	16:200$000
TOTAIS			850:006$000

Fonte: AE, Ofícios Diversos de Santos de 1829, 1207, cx. 412. *Mapa de Importação e Exportação do porto de Santos em 1829.*

Tabela 28. Importação de tecidos em 1830

LOCAIS	QUALIDADE	QUANTIDADE (em caixas, fardos)	TOTAL
Hamburgo	diferentes fazendas	5 cx.	1:200$000
Porto	linho	1 far.	300$000
Lisboa	fazendas diferentes qualidades	16 far.	3:629$000
Rio de Janeiro	fazendas	3 052 far. e cx.	773:270$000
	panos algodão	477 far.	20:554$400
	algodão em rama	4 far.	300$000
Buenos Aires	lã	2 far.	160$000
TOTAIS			799:413$000

Fonte: AE, Ofícios Diversos de Santos de 1831, 1209, cx. 414. Mapa de Importação e Exportação do porto de Santos em 1830.

Tabela 29. Exportação de tecidos de algodão em vara, através de Santos (1815-1830)

LOCAIS	ANOS								
	1815	1816	1818	1819	1821	1826	1828	1829	1830
Iguape	33 613	12 950	23 911	18 568	14 100	3 643	8 514	1761	2 695
Paranaguá	30 561	21 820	17 481	6 700	1 350	—	4 112	—	6 160
Laguna	2 366	—	—	5 411	—	—	—	—	—
Santa Catarina	—	750	—	4 554	1 000	—	—	—	—
Rio São Francisco	250	6 073	3 029	514	—	—	2 445	—	—
Bahia	—	—	—	16 518	—	—	—	—	—
Rio Grande	8 352	4 988	5 186	—	—	—	—	—	—
Porto Alegre	—	—	—	—	4 300	—	—	—	—
Rio de Janeiro	5 601	—	—	—	—	—	—	—	—
Cananéia	—	—	—	—	7 700	—	200	—	—
Buenos Aires	6 100	364	—	—	—	—	—	—	—
TOTAIS	86 843	46 945	49 607	52 265	28 450	3 643	15 271	1 761	8 355

CONCLUSÃO

O interesse pela industrialização do algodão, em solo brasileiro, durante o governo do Príncipe Regente D. João condicionou-se sobretudo à conjuntura econômica internacional marcada em especial pelos avanços do capitalismo inglês e subseqüentes tentativas de algumas nações européias em acompanhar a arrancada britânica. Todavia, a escolha da Capitania de São Paulo entre outras, como área de fomento industrial estava associada, sem dúvida, à existência de précondições ideais ao desenvolvimento do setor têxtil. Localizada em "terras centrais", o que retardava a penetração de mercadorias estrangeiras e havia já favorecido o surgimento de rudimentar manufatura doméstica, dispunha ainda de oferta significante de mão-de-obra, possibilidade de escoamento da produção e de fácil acesso às fontes de matéria-prima. A tradicional manufatura paulista de tecidos destacou-se como fator fundamental visto que propiciara formação e experiência a número expressivo de pessoal dedicado ao ofício, colaborando também na concentração de algodoais próximos aos centros produtores.

O Estado ,impulsionando a industrialização do algodão na cidade de São Paulo, a partir de 1813, procurou atrair investidores particulares, que por necessidade de capitais e riscos da empresa se organizaram, sob a tutela estatal, em sociedades econômicas. As fábricas de tecidos, instituídas nesses moldes, estavam submetidas à Junta de Comércio, que zelava por seu progresso e se encarregava do pagamento e fiscalização das atividades operacionais dos mestres-tecelões.

Sua localização em sítio urbano e a reunião de trabalhadores e máquinas em fábrica deram-lhe o caráter de uma típica unidade de produção moderna, por diferir do sistema rural e doméstico, peculiar a uma fase diversa do processo produtivo. O caráter moderno, porém, não constituiu garantia de êxito, pois uma complexa combinação de elementos minaram suas perspectivas de desenvolvimento.

O exemplo do Alferes Thomé Manoel de Jesus Varella invalida a possibilidade de incluir o comportamento empresarial entre os fatores decisivos que frearam a incipiente industrialização. O espírito que o moveu a deixar o ofício de mestre-de-ourives para dedicar-se ao setor têxtil diferia dos motivos alegados pelos demais fabricantes de tecidos da cidade, que se vangloriavam de suas intenções patrióticas. O empréstimo de capitais e a hipoteca para instalar e expandir sua tecelagem o fizeram escapar dessa categoria econômica que podia prescindir de lucros, colocando-o em outra categoria de feição capitalista. Todo o esforço demonstrado em promover seu núcleo fabril tornara-o a mais autêntica e pioneira figura de empresário industrial da segunda década do século XIX.

O abastecimento de algodão bruto não chegou a afetar o funcionamento das tecelagens, uma vez que o gênero cultivado nas proximidades da cidade se mostrava, de início, suficiente, oferecendo-se ainda a oportunidade de obtenção de suplementação de matéria-prima no interior da Capitania e até mesmo em regiões mais longínquas como Minas Novas do Fanado e Caitité. As alterações do final da década de 1820 quando ocorreu crescente contração das colheitas de algodão em Freguesia do Ó, Santana e Penha e a acentuada elevação dos preços do algodão bruto importado, não interferiram no volume de tecidos fabricados em 1831, nas instalações do Palácio do Governo que se revelava excessivo em relação à demanda do mercado.

A falta de fios restringia o aumento da produção e perturbava as operações têxteis tornando premente a adoção de máquinas filatórias que substituíam com eficiência o trabalho difícil e moroso das fiandeiras. O modelo original, importado de Lisboa e introduzido na cidade de São Paulo em 1823, foi copiado pelos mestres-tecelões em tamanho menor com 40 a 60 fusos denotando atraso cultural em relação à Inglaterra, onde na mesma ocasião já era comum a utilização de máquinas capazes de produzir 100 a 120 fios simultaneamente. Todavia a concorrência entre os dois núcleos fabris de São Paulo dificultou a difusão integral dos modernos mecanismos, implicando na perda de autonomia econômica do estabelecimento mais antiquado. Os melhoramentos na técnica de fiar exigiram modificações nos métodos de tecer, com subseqüente reforma dos teares à inglesa, mas não solucionaram o problema da falta de fios na fábrica do Piques e nem provocaram grandes transformações nos preços da mercadoria. O tecido era branqueado, tingido, engomado e lustrado nas dependências das fábricas, indicando a congregação em cada unidade industrial da variada gama de atividades necessárias à produção de tecidos.

O governo central apoiou em parte a modernização fabril, responsabilizando-se pela remessa de diversos instrumentos e máquinas, subvenção de mestres-tecelões aptos a imitar os originais e a treinar os aprendizes a manejar os novos implementos. A modernização efetuada não melhorou a qualidade do produto acabado, impedindo a concorrência, em igualdade de condições, com mercadorias congêneres importadas.

A inferioridade dos tecidos de algodão "da terra" decorria sobretudo da categoria da força de trabalho constituída, em sua maioria, de mulheres e crianças. Os jornais pagos não eram suficientemente elevados para atrair numeroso pessoal e estimular seu aperfeiçoamento. O emprego de mão-de-obra infantil retardou o progresso tecnológico da fiação e tecelagem e salientou a importância do treinamento que podia ser fornecido pelos mestres-tecelões também responsáveis pela construção e conservação da maquinaria existente nas fábricas. Contudo, a partir de 1826, o desinteresse e o comportamento irregular dos mestres prejudicaram suas funções nas fábricas agravando o problema da dependente mão-de-obra.

Os diversos usos dos tecidos de algodão, as perspectivas de compra pelo Exército, Real Hospital Militar, prisão e seminários da cidade de São Paulo, tornavam sua aquisição bastante viável. O Exército por intermédio do recrutamento em larga escala e constante demanda de uniformes reresentava, por si só, um notável consumidor de artigos têxteis. Porém, a utilidade e o preço relativamente baixo dos algodões paulistas não garantiram sua hegemonia econômica no mercado interno.

Iguape, Paranaguá, Rio Grande, Laguna, S. Francisco, localizados no Litoral Sul, e ainda Buenos Aires eram centros consumidores de tecidos de algodão da Capitania de São Paulo. As transações comerciais mantidas com Buenos Aires entre 1815 e 1830 foram contínuas, mas as vendas de tecidos paulistas cessaram precisamente em 1818, não tendo até então ultrapassado o modesto nível de 6 000 varas anuais. Nesses quinze anos, houve retração progressiva dos mercados sulinos e sensíveis oscilações nos volumes das exportações.

Os preços do fio de algodão não decaíram no período de 1815 a 1825, apesar dos custos decrescentes da matéria-prima; ao passo que os preços dos tecidos tendiam a baixar. As discrepâncias no valores do algodão em rama, fio e tecido, explicam, em parte, o aumento, diminuição ou ausência dos referidos gêneros nas tabelas das exportações.

Por outro lado as importações de diferentes qualidades de tecidos mostravam um ritmo ascensional denotando as potencialidades do mercado interno suscetível de absorver ampla variedade de tecidos estrangeiros.

A abertura dos portos brasileiros ao comércio internacional em 1808, os privilégios concedidos aos ingleses em 1810, e, ademais, os tratados firmados com nações estrangeiras, a contar de 1826, invalidaram as medidas protecionistas do Estado em prol da industrialização do algodão.

Com efeito, as exportações de tecidos paulistas declinaram após 1826, enquanto que as importações têxteis foram intensificadas, atingindo seu auge em 1829 e 1830. Assim, a infiltração cada vez maior de artigos estrangeiros saturou o mercado interno, tolhendo as viabilidades de crescimento da indústria nativa.

Podemos finalmente concluir, em termos mais amplos, que a precoce experiência fabril paulista abafada pela emergência e interligação de diversos fatores gerados na imatura infra-estrutura de São Paulo, no entanto, já anunciava, no momento enfocado, a futura metrópole da indústria no País.

FONTES E BIBLIOGRAFIA

1. *Fontes manuscritas*

    1.1. *Departamento do Arquivo do Estado de São Paulo*

População da Capital	(1814-30)	35, cx. 35.
	(1818-27)	36, cx. 36.
	1829	37, cx. 37.
Circulares e outros atos	(1820-22)	231, cx. 5.
Passaportes e	(1809-11)	320, cx. 78.
Requerimentos	(1820-22)	321, cx. 79.
Ofícios Diversos	(1802-18)	353, cx. 103.
Ofícios dos Generais aos Tribunais Régios		405, cx. 47.
Portarias e Bandos do Governo Provisório	(1811-22)	408, cx. 50.
Avisos e Cartas Régias	(1808-16)	423, cx. 65.
	(1811-22)	424, cx. 66.
Ofícios Diversos da Capital	(1826-27)	865, cx. 70.
	(1828-29)	866, cx. 71.
	(1830-31)	867, cx. 72.
	1832	868, cx. 73.

Ofícios Diversos de Santos	1827	1205, cx. 410
	1828	1206, cx. 411
	1829	1207, cx. 412.
	1831	1209, cx. 414.
Requerimentos	(1822-23)	1341, cx. 1.
	1824	1342, cx. 2.
	1830	1348, cx. 8
Juízo de Órfãos da Capital	1825	5413, cx. 83.
	1831	5414, cx. 84.
Vindos da Justiça	(1824-31)	7705, cx. 1.

Livro 678 — Receita do Fardamento do 7.° Batalhão de Caçadores (jul./dez. de 1826).
Livro 721 — Ofícios para a Capitania.
Livro 723 — Junta de Comércio (1822-34).
Livro 724 — Provisões Régias (1824-36).
Livro 893 (n.° 3) — Informações de Requerimentos.

1.2. *Instituto Histórico e Geográfico de São Paulo*

1.2.1. Coleção Antônio da Silva Prado:

Diário Geral de Antônio da Silva Prado (1825-30), vs. 6 e 7.
Contas Correntes de Antônio da Silva Prado (1810-19), v. 12.
2.° Copiador das Cartas de Antônio da Silva Prado (1818-21), v. 19.
5.° Copiador das Cartas de Antônio da Silva Prado (1825-28), v. 21.

1.2.2. Cartas do Cel. Francisco Ignácio de Souza Queiroz.

1.3. *Arquivo Histórico da Prefeitura Municipal de S. Paulo*
Papéis avulsos de 1822.

1.4. *Arquivo Histórico do Itamarati*

III — Coleções Especiais, lata 186.
III — Coleções Especiais — Correspondência da Junta de Comércio (1817-22), lata 197.

1.5. *Biblioteca Nacional do Rio de Janeiro*
2.1. Diversos:
Estatutos para a Sociedade Econômica da Província de São Paulo. Col. Carvalho CEHB - 12.489 - I-5, 1, 39.

2. Fontes impressas

2.1. *Actas da Camara Municipal (1815-1822)*, S. Paulo, Typ. Piratininga, 1922, v. 22.
Anais da Assembléia Constituinte do Império do Brazil de 1823, Rio de Janeiro, Typ. de H. J. Pinto, 1879, t. 4 e 6.
Boletim do Departamento do Arquivo do Estado de São Paulo, vs. 2, 3 e 4.

Collecção das Leis do Brazil de 1808, 1809, 1810, 1815 e 1819, Rio de Janeiro, I. Nacional.

Collecção das Leis, Decretos e Alvarás, Lisboa, Regia Officina Tipográphica, 1798, vs. 6 e 7.

Documentos Interessantes para a História e Costumes de São Paulo, S. Paulo, Departamento do Arquivo do Estado de São Paulo. Coleção: vs. 2, 15, 36, 44, 60, 87, 88 e 145.

Actas das sessões do governo provisório (1821-1822), 3.ª ed., S. Paulo, 1913.

Documentos para a História da Independência, Rio de Janeiro, Biblioteca Nacional, v. 1. Relatório apresentado ao Exmo. Sr. Presidente da Província de São Paulo pela Comissão Central de Estatística, S. Paulo, Typ. King, 1888.

2.2. *Periódicos*:

A Gazeta do Rio de Janeiro, Rio de Janeiro, Imprensa Régia, 1821.

O Correio Braziliense, Londres, vs. 11 e 17.

O Farol Paulistano, S. Paulo, n.ª 5, 1827.

O Investigador Portugues em Inglaterra, Londres, vs. 6, 8 e 11.

Revista do Archivo Publico Mineiro, Belo Horizonte, jul. a dez. 1904 e out./dez. 1887.

Almanaque Administrativo Mercantil e Industrial da Província de São Paulo para o ano de 1857.

2.3. *Memórias, relatos e descrições de viajantes e informantes:*

ALINCOURT, Luis D'. *Memória sobre a Viagem do Porto de Santos a Cuiabá*. S. Paulo, Livraria Martins Editora (Biblioteca Histórica Paulista), 1953.

BEYER, Gustavo. Ligeiras notas de viagem do Rio de Janeiro à Capitania de São Paulo no verão de 1813. (Trad. de Alberto Lofgren). *Revista do Instituto Histórico e Geográfico de São Paulo*, S. Paulo, Typographia do Diario Official, v. 12, 1908.

CASAL, Aires de. *Corographia Brasilica*, Rio de Janeiro, Imprensa Régia, 1817.

CHICHORRO, Manoel da Cunha Azeredo Coutinho de Souza. Memória sobre a Capitania de São Paulo em 1814. *Revista do Instituto Histórico e Geográfico Brasileiro*, Rio de Janeiro, 2.º trimestre de 1873. Documentos oficiais anexos à Memória.

DENIS, Fernando. *O Brasil*. Salvador, Livraria Progresso Editora, 1955, v. 2.

HILL, Henri. *O Comércio do Brasil em 1808*. (Trad. de Gilda Pires), Ed. Banco da Bahia, nota e organização de Luís H. Dias Tavares, 1964.

LUCCOCK, John. *Notas sobre o Rio de Janeiro e Partes Meridionais do Brasil*. (Trad. de Milton da Silva Rodrigues), S. Paulo, Livraria Martins, 1975.

MAWE, John. *Viagens pelo Interior do Brasil*. (Trad. de Salena Benevides Viana), Rio de Janeiro, Zélio Valverde, 1944.

SAINT-HILAIRE, Augusto de. *Viagem à Província de São Paulo*. Ed. Martins e USP, S. Paulo, 1972.

Bibliografia

AMARAL, Antônio Barreto do. O Ten.-General José Arouche de Toledo. Sep. da *Revista do Arquivo Municipal*, S. Paulo, n.º 1733, 1966.

ASHTON, Th. S. *A Revolução Industrial*. (Trad. Jorge de Macedo). Lisboa, Ed. Europa-América, Coleção "Saber Atual", 1971.

BEIRÃO, Caetano. *D. Maria I (1777-1792)*. 2.ª ed., Lisboa, Empresa Nacional de Publicidade, 1934.

BRITO, João G. Lemos. *Pontos de Partida para a História Econômica do Brasil*. Rio de Janeiro, Typ. do Annuario do Brazil, 1932.

BRUNO, Ernani Silva. *História e Tradições da Cidade de São Paulo (1554-1829)*. Arraial de Sertanistas. Rio de Janeiro, Livraria José Olympio Ed., 1953, v. 1.

CANABRAVA, Alice P. *O Desenvolvimento da Cultura do Algodão na Província de São Paulo*. S. Paulo, 1954.

CARQUEJA, Bento. *O Capitalismo Moderno e as suas Origens em Portugal*. Porto, Chardron, 1968.

CARRATO, José Ferreira. *Igrejas, Iluminismo e Escolas Mineiras Coloniais*. S. Paulo, Ed. Nacional, 1968.

CASTRO, Armando de. "Fábricas". In: SERRÃO. ,Joel. *Dicionário de História de Portugal*. Porto, Livraria Figueirinhas, v. 2.

CHAPMAN, S. D. "The Transition to the Factory System on the Midlands Cotton Spinning Industry". *The Economic History Review*, second series, dec. 1965.

CHAUNU, Pierre. *História da América Latina*. 2.ª ed. (Trad. de Miguel Rodrigues), S. Paulo, DIFEL, Coleção "Saber Atual" 1971.

COCHRAM, Thomas C. *The Age of Enterprise. A Social History of Industrial America*. New York, The MacMillan Company, 1942.

DEANE, Phyllis. *A Revolução Industrial*. (Trad. de Meton P. Gadelha). Rio de Janeiro, Zahar Editores, 1969.

DIAS, Manuel Nunes. Fomento Ultramarino e Mercantilismo: A Companhia Geral do Grão-Pará e Maranhão (1755-1778). *Revista de História*, S. Paulo, 1966.

ELLIS, Myriam. *A Baleia no Brasil Colonial*. S. Paulo, Ed. Melhoramentos e Ed. USP, 1969.

ELLIS, Myriam. "A Mineração no Brasil no Século XIX". In: *História Geral da Civilização rBasileira*. S. Paulo, DIFEL, 1971, t.2, v. 4.

FAULKNER, Harold U. *American Economic History*. New York, Harpers Brothers Publishers, 1954.

FREITAS, Afonso de. *Dicionário Historico, Topographico Illustrado do Municipio de São Paulo*. S. Paulo, Graphica Paulista, 1930.

FREITAS, Caio de. *George Canning e o Brasil.* S. Paulo, Ed. Nacional, 1958, v. 1 (Coleção Brasiliana).

FURTADO, Celso. *Formação Econômica do Brasil.* S. Paulo, Ed. Nacional, 1971.

GARCIA, Emanuel Soares da Veiga. *Buenos Aires e Cadiz. Contribuição ao estudo do comércio livre.* S. Paulo, 1974 (Coleção da Revista de História).

GODINHO, Vitorino Magalhães. *A Estrutura na Antiga Sociedade Portuguesa.* Lisboa, Ed. Arcadia, 1971.

HOLANDA, Sérgio Buarque de. A Mais Antiga Fábrica de Tecidos de São Paulo. *Digesto Econômico,* S. Paulo, abril de 1948.

—————. "São Paulo". In: *História Geral da Civilização Brasileira.* S, Paulo, DIFEL, 1964, t. 2, v. 2.

—————. O Algodão em São Paulo nos Séculos XVI e XVII. *Digesto Econômico.* S. Paulo, outubro de 1947.

LACOMBE, Américo Jacobina. Origens da Indústria de Tecidos em Minas Gerais. *Digesto Econômico,* julho de 1947.

LAPA, José do Amaral. *A Bahia e a Carreira da Índia.* S. Paulo, Ed. Nacional e Ed. da USP, 1968.

LEITE, Aureliano. Avaliações dos Próprios Nacionais da Província de São Paulo em fevereiro de 1830. *Revista do Ateneu Paulista de História,* S. Paulo, setembro de 1974.

LIMA, Heitor Ferreira. *História Político-Econômica e Industrial do Brasil.* S. Paulo, Ed. Nacional, 1970 (Coleção Brasiliana).

LISBOA, José da Silva. *Observações sobre o Comércio Franco no Brasil.* Rio de Janeiro, Imprensa Régia, 1810.

—————. *Observações sobre a Franqueza de Indústria e Estabelecimento de Fábricas no Brasil.* Rio de Janeiro, Imprensa Régia, 1810.

LUZ, Nícia Vilela. A Política de D. João VI e a Primeira Tentativa de Industrialização do Brasil. *Revista do IEB,* S. Paulo, 1968.

—————. "As Tentativas de Industrialização no Brasil". In: *História da Civilização Brasileira,* S. Paulo, DIFEL, 1971, t. 2, v. 4.

MACEDO, Jorge Borges de. "A Indústria na Época Moderna". In: *Dicionário de História de Portugal,* Porto, Livraria Figueirinhas, 1971, t. 2.

—————. *A Situação Econômica no Tempo de Pombal.* Porto, Livraria Portugalia, 1951.

MANCHESTER, Alan K. *Preeminência Inglesa no Brasil.* (Trad. de Janaína Amado), S. Paulo, Ed. Brasiliense, 1973.

MARCÍLIO, Maria Luíza. *A Cidade de São Paulo. Povoamento (1750-1850).* (Trad. autora), S. Paulo, Livraria Pioneira e Ed. USP, 1973.

MANTOUX, Paul. *La Revolution Industrielle au XVIII Siècle.* Paris, Ed. Genin, 1959.

MARTINEZ, Pedro Santos. *Las Industrias Durante el Virreinato (1776-1810).* Buenos Aires, Ed. Universitária, 1969.

MORSE, Richard. *Formação Histórica de São Paulo*. S. Paulo, DIFEL, 1970.

MOURA, Paulo Cursino de. *São Paulo de Outrora. Evocações da Metrópole*. 3.ª ed., S. Paulo, Livraria Martins, 1954.

MYERS, Ramon H. Cotton Textile Handicraft and the Development of the Cotton Textile Industry in Modern China. *The Economic History Review*, second series, dec. 1965.

NARDY FILHO, Francisco. *A Fábrica de Tecidos São Luís de Itu*. S. Paulo, 1949.

NIVEAU, M. *História dos Fatos Econômicos Contemporâneos*. (Trad. Octavio Mendes Cajado). S. Paulo, DIFEL, 1969.

NOVAIS, Fernando. A Proibição das Manufaturas no Brasil e a Política Econômica Portuguesa do Fim do Século XVIII. *Revista de História*, S. Paulo, 1966.

PANTALEÃO, Olga. "A Presença Inglesa". In: *História Geral da Civilização Brasileira*, S. Paulo, DIFEL, 1962, t. 2, v. 1.

PETRONE, Maria Thereza Schorer. *A Lavoura Canavieira em São Paulo*. S. Paulo, DIFEL, 1968.

—————. Um Comerciante do Ciclo do Açúcar Paulista: Antônio da Silva Prado (1817-1829) III. *Revista de História*, S. Paulo, 1969.

PINTO, Virgílio Noya. "Balanço das Transformações Econômicas do Século XIX". In: *Brasil em Perspectiva*, 2.ª ed., S. Paulo, DIFEL, 1969.

PRADO JR., Caio. *Formação do Brasil Contemporâneo*. S. Paulo, Ed. Brasiliense, 1957.

—————. *História Econômica do Brasil*. S. Paulo, Ed. Brasiliense, 1959.

RATTON, Jacome. *Recordações... Fidalgo cavaleiro da Casa Real, Cavalheiro da Ordem de Christo, ex-negociante da praça de Lisboa, e deputado do Tribunal da Real Junta de Comércio, Agricultura, Fabricas e Navegação*. Londres, H. Bryer, 1813.

ROSTOW, W. E. *Etapas do Desenvolvimento Econômico*. 4.ª ed. (Trad. Octavio Alves Velho). Rio de Janeiro, Zahar Editores, 1971.

SAMPAIO, Theodoro. São Paulo no Século XIX. *Revista do Instituto Histórico e Geográfico de São Paulo*, S. Paulo, 1902.

SCHNERB, Robert. *História Geral das Civilizações. O Século XIX*. (Trad. de J. Guinsburg). 2.ª ed., S. Paulo, DIFEL, 1969.

SIMONSEN, Roberto. *História Econômica do Brasil (1500-1822)*. 6.ª ed., S. Paulo, Ed. Nacional, 1969 (Coleção Brasiliana).

WRIGHT, Antônia Fernanda P. de Almeida. *Desafio Americano à Preponderância Britânica no Brasil (1808-1850)*. Rio de Janeiro, I. Nacional, 1972.

COLEÇÃO DEBATES

1. *A Personagem de Ficção*, Antonio Candido e outros.
2. *Informação, Linguagem, Comunicação*, Décio Pignatari.
3. *Balanço da Bossa e Outras Bossas*, Augusto de Campos.
4. *Obra Aberta*, Umberto Eco.
5. *Sexo e Temperamento*, Margaret Mead.
6. *Fim do Povo Judeu?*, Georges Friedmann.
7. *Texto/Contexto*, Anatol Rosenfeld.
8. *O Sentido e a Máscara*, Gerd A. Borheim.
9. *Problemas da Física Moderna*, W. Heisenberg, E. Schödinger, M. Born e P. Auger.
10. *Distúrbios Emocionais e Anti-Semitismo*, N. W. Ackermann e M. Jahoda.
11. *Barroco Mineiro*, Lourival Gomes Machado.
12. *Kafka: Pró e Contra*, Günther Anders.
13. *Nova História e Novo Mundo*, Frédéric Mauro.
14. *As Estruturas Narrativas*, Tzvetan Todorov.
15. *Sociologia do Esporte*, Georges Magnane.

16. *A Arte no Horizonte do Provável*, Haroldo de Campos.
17. *O Dorso do Tigre*, Benedito Nunes.
18. *Quadro da Arquitetura no Brasil*, Nestor G. Reis Filho.
19. *Apocalípticos e Integrados*, Umberto Eco.
20. *Babel & Antibabel*, Paulo Rónai.
21. *Planejamento no Brasil*, Betty Mindlin Lafer.
22. *Lingüística. Poética. Cinema*, Roman Jakobson.
23. *LSD*, John Cashman.
24. *Crítica e Verdade*, Roland Barthes.
25. *Raça e Ciência I*, Juan Comas e outros.
26. *Shazam!*, Álvaro de Moya.
27. *Artes Plásticas na Semana de 22*, Aracy Amaral.
28. *História e Ideologia*, Francisco Iglésias.
29. *Peru: da Oligarquia Econômica à Militar*, A. Pedroso d'Horta.
30. *Pequena Estética*, Max Bense.
31. *O Socialismo Utópico*, Martin Buber.
32. *A Tragédia Grega*, Albin Lesky.
33. *Filosofia em Nova Chave*, Susanne K. Langer.
34. *Tradição, Ciência do Povo*, Luís da Câmara Cascudo.
35. *O Lúdico e as Projeções do Mundo Barroco*, Affonso Ávila.
36. *Sartre*, Gerd A. Borheim.
37. *Planejamento Urbano*, Le Corbusier.
38. *A Religião e o Surgimento do Capitalismo*, R. H. Tawney.
39. *A Poética de Maiakóvski*, Boris Schnaiderman.
40. *O Visível e o Invisível*, M. Merleau-Ponty.
41. *A Multidão Solitária*, David Reisman.
42. *Maiakóvski e o Teatro de Vanguarda*, A. M. Ripellino.
43. *A Grande Esperança do Século XX*, J. Fourastié.
44. *Contracomunicação*, Décio Pignatari.
45. *Unissexo*, Charles F. Winick.
46. *A Arte de Agora, Agora*, Herbert Read.
47. *Bauhaus: Novarquitetura*, Walter Gropius.
48. *Signos em Rotação*, Octavio Paz.
49. *A Escritura e a Diferença*, Jacques Derrida.
50. *Linguagem e Mito*, Ernst Cassirer.
51. *As Formas do Falso*, Walnice N. Galvão.
52. *Mito e Realidade*, Mircea Eliade.
53. *O Trabalho em Migalhas*, Georges Friedmann.
54. *A Significação no Cinema*, Christian Metz.
55. *A Música Hoje*, Pierre Boulez.
56. *Raça e Ciência II*, L. C. Dunn e outros.
57. *Figuras*, Gérard Genette.
58. *Rumos de uma Cultura Tecnológica*, Abraham Moles.
59. *A Linguagem do Espaço e do Tempo*, Hugh M. Lacey.
60. *Formalismo e Futurismo*, Krystyna Pomorska.
61. *O Crisântemo e a Espada*, Ruth Benedict.
62. *Estética e História*, Bernard Berenson.
63. *Morada Paulista*, Luís Saia.
64. *Entre o Passado e o Futuro*, Hannah Arendt.
65. *Política Científica*, Heitor G. de Souza, Darcy F. de Almeida e Carlos Costa Ribeiro.
66. *A Noite da Madrinha*, Sérgio Miceli.

67. *1822: Dimensões*, Carlos Guilherme Mota e outros.
68. *O Kitsch*, Abraham Moles.
69. *Estética e Filosofia*, Mikel Dufrenne.
70. *O Sistema dos Objetos*, Jean Baudrillard.
71. *A Arte na Era da Máquina*, Maxwell Fry.
72. *Teoria e Realidade*, Mario Bunge.
73. *A Nova Arte*, Gregory Battcock.
74. *O Cartaz*, Abraham Moles.
75. *A Prova de Gödel*, Ernest Nagel e James R. Newman.
76. *Psiquiatria e Antipsiquiatria*, David Cooper.
77. *A Caminho da Cidade*, Eunice Ribeiro Durhan.
78. *O Escorpião Encalacrado*, Davi Arrigucci Júnior.
79. *O Caminho Crítico*, Northrop Frye.
80. *Economia Colonial*, J. R. Amaral Lapa.
81. *Falência da Crítica*, Leyla Perrone Moisés.
82. *Lazer e Cultura Popular*, Joffre Dumazedier.
83. *Os Signos e a Crítica*, Cesare Segre.
84. *Introdução à Semanálise*, Julia Kristeva.
85. *Crises da República*, Hannah Arendt.
86. *Fórmula e Fábula*, Wili Bolle.
87. *Saída, Voz e Lealdade*, Albert Hirschman.
88. *Repensando a Antropologia*, E. R. Leach.
89. *Fenomenologia e Estruturalismo*, Andrea Bonomi.
90. *Limites do Crescimento*, Donella H. Meadows e outros (Clube de Roma).
91. *Manicômios, Prisões e Conventos*, Erving Goffman.
92. *Maneirismo: O Mundo como Labirinto*, Gustav R. Hocke.
93. *Semiótica e Literatura*, Décio Pignatari.
94. *Cozinhas, etc.*, Carlos A. C. Lemos.
95. *As Religiões dos Oprimidos*, Vittorio Lanternari.
96. *Os Três Estabelecimentos Humanos*, Le Corbusier.
97. *As Palavras sob as Palavras*, Jean Starobinski.
98. *Introdução à Literatura Fantástica*, Tzvetan Todorov.
99. *Significado nas Artes Visuais*, Erwin Panofsky.
100. *Vila Rica*, Sylvio de Vasconcellos.
101. *Tributação Indireta nas Economias em Desenvolvimento*, J. F. Due.
102. *Metáfora e Montagem*, Modesto Carone.
103. *Repertório*, Michel Butor.
104. *Valise de Cronópio*, Julio Cortázar.
105. *A Metáfora Crítica*, João Alexandre Barbosa.
106. *Mundo, Homem, Arte em Crise*, Mário Pedrosa.
107. *Ensaios Críticos e Filosóficos*, Ramón Xirau.
108. *Do Brasil à América*, Frédéric Mauro.
109. *O Jazz, do Rag ao Rock*, Joachim E. Berendt.
110. *Etc..., Etc... (Um Livro 100% Brasileiro)*, Blaise Cendrars.
111. *Território da Arquitetura*, Vittorio Gregotti.
112. *A Crise Mundial da Educação*, Philip H. Coombs.
113. *Teoria e Projeto na Primeira Era da Máquina*, Reyner Banham.
114. *O Substantivo e o Adjetivo*, Jorge Wilheim.
115. *A Estrutura das Revoluções Científicas*, Thomas S. Kuhn.
116. *A Bela Época do Cinema Brasileiro*, Vicente de Paula Araújo.

117. *Crise Regional e Planejamento*, Amélia Cohn.
118. *O Sistema Político Brasileiro*, Celso Lafer.
119. *Êxtase Religioso*, I. Lewis.
120. *Pureza e Perigo*, Mary Douglas.
121. *História, Corpo do Tempo*, José Honório Rodrigues.
122. *Escrito sobre um Corpo*, Severo Sarduy.
123. *Linguagem e Cinema*, Christian Metz.
124. *O Discurso Engenhoso*, Antonio José Saraiva.
125. *Psicanalisar*, Serge Leclaire.
126. *Magistrados e Feiticeiros na França do Século XVII*, R. Mandrou.
127. *O Teatro e sua Realidade*, Bernard Dort.
128. *A Cabala e seu Simbolismo*, Gershom G. Scholem.
129. *Sintaxe e Semântica na Gramática Transformacional*, A. Bonomi e G. Usberti.
130. *Conjunções e Disjunções*, Octavio Paz.
131. *Escritos sobre a História*, Fernand Braudel.
132. *Escritos*, Jacques Lacan.
133. *De Anita ao Museu*, Paulo Mendes de Almeida.
134. *A Operação do Texto*, Haroldo de Campos.
135. *Arquitetura, Industrialização e Desenvolvimento*, Paulo J. V. Bruna.
136. *Poesia-Experiência*, Mário Faustino.
137. *Os Novos Realistas*, Pierre Restany.
138. *Semiologia do Teatro*, J. Guinsburg e J. Teixeira Coelho Netto.
139. *Arte-Educação no Brasil*, Ana Mae T. B. Barbosa.
140. *Borges: Uma Poética da Leitura*, Emir Rodríguez Monegal.
141. *O Fim de uma Tradição*, Robert W. Shirley.
142. *Sétima Arte: Um Culto Moderno*, Ismail Xavier.
143. *A Estética do Objetivo*, Aldo Tagliaferri.
144. *A Construção do Sentido na Arquitetura*, J. Teixeira Coelho Netto.
145. *A Gramática do Decameron*, Tzvetan Todorov.
146. *Escravidão, Reforma e Imperialismo*, R. Graham.
147. *História do Surrealismo*, M. Nadeau.
148. *Poder e Legitimidade*, José Eduardo Faria.
149. *Práxis do Cinema*, Noël Burch.
150. *As Estruturas e o Tempo*, Cesare Segre.
151. *A Poética do Silêncio*, Modesto Carone.
152. *Planejamento e Bem-Estar Social*, Henrique Rattner.
153. *Teatro Moderno*, Anatol Rosenfeld.
154. *Desenvolvimento e Construção Nacional*, S. H. Eisenstadt.
155. *Uma Literatura nos Trópicos*, Silviano Santiago.
156. *Cobra de Vidro*, Sérgio Buarque de Holanda.
157. *Testando o Leviathan*, Antonia Fernanda Pacca de Almeida Wright.
158. *Do Diálogo e do Dialógico*, Martin Buber.
159. *Ensaios Lingüísticos*, Louis Hjelmslev.
160. *O Realismo Maravilhoso*, Irlemar Chiampi.
161. *Tentativas de Mitologia*, Sérgio Buarque de Holanda.
162. *Semiótica Russa*, Boris Schnaiderman.
163. *Salões, Circos e Cinema de São Paulo*, Vicente de Paula Araújo.
164. *Sociologia Empírica do Lazer*, Joffre Dumazedier.
165. *Física e Filosofia*, Mario Bunge.
166. *O Teatro Ontem e Hoje*, Célia Berrettini.

167. *O Futurismo Italiano*, Org. Aurora Fornoni Bernardini.
168. *Semiótica, Informação e Comunicação*, J. Teixeira Coelho Netto.
169. *Lacan: Operadores da Leitura*, Americo Vallejo.
170. *Dos Murais de Portinari aos Espaços de Brasília*, Mário Pedrosa.
171. *O Lírico e o Trágico em Leopardi*, Helena Parente Cunha.
172. *A Criança e a FEBEM*, Marlene Guirado.
173. *Arquitetura Italiana em São Paulo*, Anita Salmoni e E. Debenedetti.
174. *Feitura das Artes*, José Neistein.
175. *Oficina: Do Teatro ao Te-Ato*, Armando Sérgio da Silva.
176. *Conversas com Igor Stravinsky*, Robert Craft.
177. *Arte como Medida*, Sheila Leirner.
178. *Nzinga*, Roy Glasgow.
179. *O Mito e o Herói no Moderno Teatro Brasileiro*, Anatol Rosenfeld.
180. *A Industrialização do Algodão na Cidade de São Paulo*, Maria Regina de M. Ciparrone Mello.

Trabalhos gráficos:
GRÁFICA EDITORA LTDA.
Rua Dr. Horácio da Costa, 1-A / São Paulo